図解

無印良品は、仕組みが9割

仕事はシンプルにやりなさい

良品計画会長
松井忠三
Tadamitsu Matsui

角川書店

プロローグ

無印良品には
2000ページ以上のマニュアルがある

ということをご存じでしょうか。

生活雑貨だけでなく、食品、そして家まで、あらゆるジャンルの商品を扱い、今や国民的なブランドにまでなっている「無印良品」。

・シンプルで素敵な商品をつくる。

・感じのよいお店の雰囲気を醸し出す。

・気の利いた提案をしてくれる、レベルの高い店舗スタッフを育てる。

どれについても、

きちんとした「仕組み」がある

のです。

なぜなら、「仕組み＝マニュアル」は、

問題解決をスピード化できる
アイデアを蓄積して、共有できる
努力を成果に直結できる

からです。

この考え方・ノウハウは、店舗スタッフの方はもちろん、あらゆる業種・職種（事務職、営業職、企画職）で、必ず、役に立つはずです。

わかりやすく図解化した本書で、そのエッセンスを手に入れてください。

はじめに

無印良品には、全社員の知恵と努力の結晶といえる二つの分厚いマニュアルがあります。無印良品の店舗で使う「ＭＵＪＩＧＲＡＭ《ムジグラム》」と、店舗開発部や企画室など本部の業務手順をまとめた「業務基準書」です。

この二つのマニュアルには、店舗サービスのあらゆる〝標準〟と、業務をスムーズに行うための〝社内の仕組み〟が詰まっています。ＭＵＪＩＧＲＡＭは、二〇〇〇ページにも及ぶボリュームで、写真やイラスト、図もふんだんに盛り込まれています。

こうしたマニュアルをつくったのは、**個人の経験や勘に頼っていた業務を〝仕組み化〟してノウハウとして蓄積させるため**です。

本書では、その一部を公開しながら〝仕組みを大切にする働き方〟を紹介します。

マニュアルと聞くと「無機質で冷たい印象」を受ける人もいると思います。しかし、無印良品のマニュアルは、決して無味乾燥なものではありません。

日々の仕事に生き生きと取り組んでいけるようにするための最強のツールです。

このマニュアルがあるからこそ、楽しくムダなく働きながら、仕事の成果をあげていけるのです。

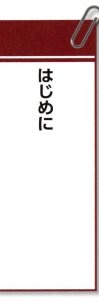

Ｖ字回復のための最強ツール

今や無印良品は、国民的ブランドといえるほどに成長しています。海外でも「ＭＵＪＩ」と

無印良品のマニュアルはこんな構造

MUJIGRAM

1 売り場に立つ前に
2 レジ業務・経理
3 店内業務（承り）
4 配送・自転車
5 売り場作り
6 商品管理
7 後方業務
8 労務管理
9 危機管理
10 出店準備
11 店舗マネジメント
12 ファイリング
◆ 販売スタッフトレーニングシステム

業務基準書

1a 衣服・雑貨部　1b 生活雑貨部／食品部
2 カフェ・ミール事業部／品質保証部／チャネル開発部
3 販売部／業務改革部／お客様室
4 海外事業部
5a 宣伝販促室／流通推進担当　5b 店舗開発部
6 情報システム担当／企画室
7 経理財務担当
8 総務人事担当
9 ムジ・ネット

仕組みのメリット

① シンプルに仕事ができる仕組みがあれば ➡ ムダな作業がなくなる
② 情報を共有する仕組みがあれば ➡ 仕事にスピードが生まれる
③ 経験と勘を蓄積する仕組みがあれば ➡ 人材を流動的に活用できる
④ 残業が許されない仕組みがあれば ➡ 自然と生産性が上がる

……これらのメリットを本書で詳しく解説します！

○仕組みがある場合
⇒ムダがなくなり、楽しく働け、成果があがる

×仕組みがない場合
⇒仕事のトラブルの根本原因を取り除けない

呼ばれ、日本発のブランドとして知れ渡っています。

それでもかつては業績が悪化して「無印良品は終わりじゃないか」と業界内で囁《ささや》かれていた時期もありました。私はそんな谷底に落ちていた時期に社長に就任しています。

そこで最初に取り組んだのは、賃金カットでもなければリストラでもなく、事業の縮小でもない、〝仕組みづくり〟でした。

「努力を成果に結びつける仕組み」
「経験と勘を蓄積する仕組み」
「ムダを徹底的に省く仕組み」

これが、無印良品の復活の原動力になったのです。

仕事力は「細部に宿る」

仕組みとは、組織の根幹にあたるものです。

これがしっかり築けていないと、いくらリストラをしたところで、不振の根本原因は取り除けず、企業は衰退します。

何事も基本がなければ応用がないのと同じように、会社の仕組みがなければ、知恵は浮かばず、ひいては売上げも生まれません。

シンプルに仕事ができる仕組みがあれば、ムダな作業がなくなります。

「神は細部に宿る」とは、ドイツ出身の建築家、ミース・ファン・デル・ローエが残したといわれる有名な言葉です。

その意味についてはさまざまな解釈がありますが、〝ディテールにこだわることが作品の本質を決める〟という意味ではないかと私は考えています。

企業の力を決定づけるのもディテールであり、それが仕組みなのです。

「やる気を引き出す」も「業績回復」も

どんな業種、どんな立場であっても「仕組みを大切にする考え方」は役立ちます。この本は、経営者に限らず、**一般ビジネスマンやショップの店員として働く方にも読んでほしい**と願っています。

たとえば、部課長クラスのリーダーには悩みはつきものだと思います。

組織あるいは部署の運営で頭を悩ませているのなら、まずは仕組みを見直してみてはいかがでしょうか。それによって大半の悩みは解決できるはずです。

業績を伸ばそうとノルマを厳しくしたり、部下のやる気を引き出そうとハッパをかけたりするのも大切かもしれませんが、それよりもまず仕組みをつくってみてください。

そうすれば、人（部下）は自然と行動を変えていくものです。

「悩み」を「仕組み」で解決する

こうしたチームの悩みの〝答え〟が、本書には書いてあります。

リーダーが「努力を成果に結びつける仕組み」をつくらなければ、日本の企業はますます元気がなくなってしまいます。

逆に、仕事の生産性を上げられる仕組みを整えられたなら、どの企業も業績を回復することでしょう。

ひいてはそれが日本経済の復活につながるのではないかとも私は考えているのです。

良品計画会長

松井忠三

もくじ CONTENTS

2章 売上げとモチベーションを「V字回復」させる
――苦境を抜け出すための仕組みとは？

3章 会社を強くするための「シンプルで、簡単なこと」
――「他者」と「他社」から学ぶ！

4章 この仕組みで生産性を三倍にできる
――むくわれない努力をなくそう

5章 自分の仕事を「仕組み化」する力をつけよう
――基本があれば応用できる

●編集協力＝内池久貴・大畠利恵
●装丁＝國枝達也
●本文デザイン＝橋本敏恵
●ＤＴＰ＝株式会社Ｓｕｎ Ｆｕｅｒｚａ

1章

決まったことを、決まったとおり、キチンとやる

——経験と勘を排除する方法

MUJI

マニュアルの「つくり方」を知ろう

Before

同じミスが現場で
繰り返されてしまった……

なぜこの仕事を
やらないといけないの？
（不満）

上司がいないから、
判断できない！
わからない！

After

トラブル事例も共有
できるから、チーム
の知恵が集まる！

仕事の「目的」が
ハッキリするから、
モチベーションア
ップ！

仕事の「標準」がある
から、自分で判断でき
ることが増えた！

1章のRECIPE《レシピ》

——ここが「仕組み」のポイント

この章でわかる「大切なこと」は……

1 仕事を改善して、成果を出し続けるには
仕事の標準＝マニュアル が大切

2 マニュアル作成は、その「目的」をハッキリさせて、
「使う人」が主導 する！

3 常にマニュアルを更新して、その時点での
「仕事の最高到達点」 にしよう

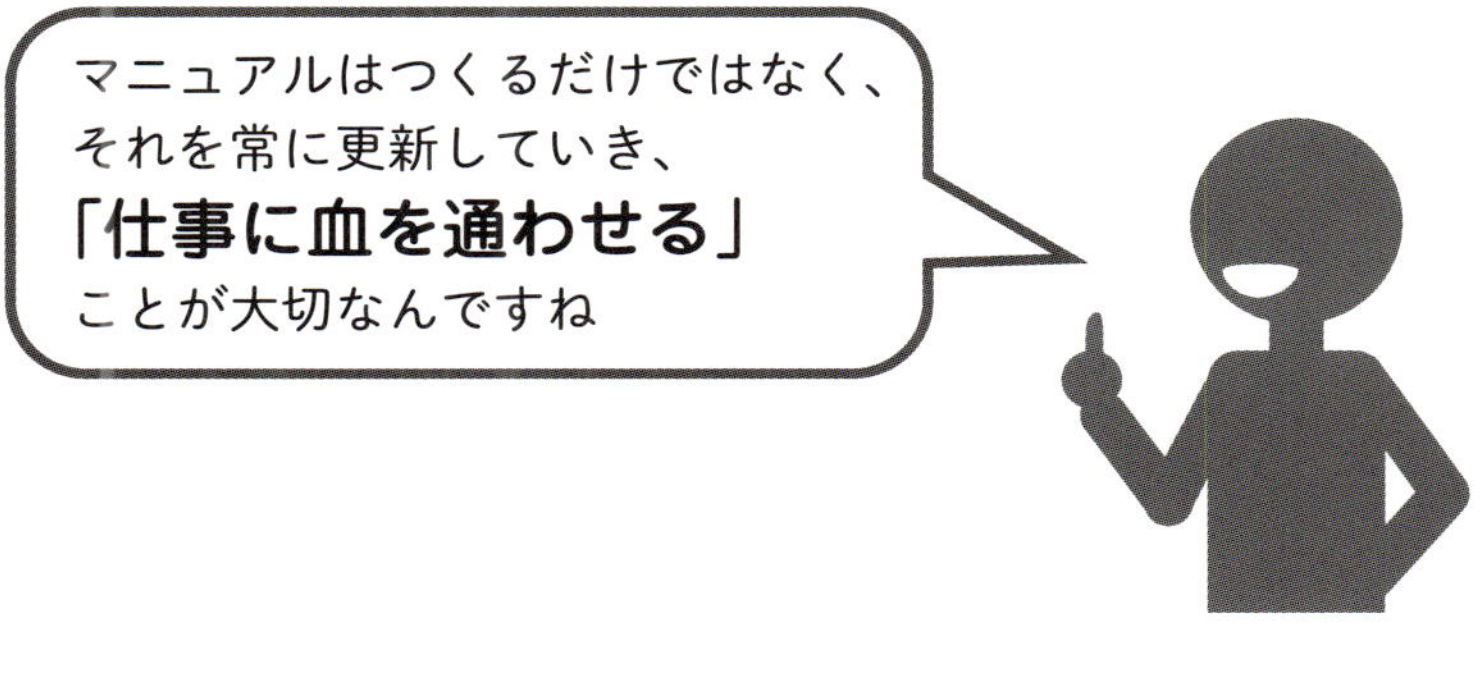
マニュアルはつくるだけではなく、
それを常に更新していき、
「仕事に血を通わせる」
ことが大切なんですね

1

無印良品の「お店の雰囲気」もマニュアルから生まれる

「無印良品にはマニュアルがある」という話を聞いて、驚かれた人は多いでしょう。

無印良品の店舗に行ったことがある方ならわかると思いますが、スタッフがお客様に商品を積極的に売り込んだりするわけではなく、始終「いらっしゃいませ」と呼びかけているわけでもありません。

お客様は自分のペースで商品を見て回れる雰囲気になっています。

この雰囲気こそ、無印良品を無印良品たらしめている一因といえます。

そうした雰囲気をつくりあげているのは、スタッフ一人ひとりの個性ではありません。**M**

UJIGRAMというマニュアルに則《のっと》って店づくりをして、スタッフを教育しているからこそ、どの店も無印良品らしくできるのです。

無味乾燥でないマニュアル

日本では、マニュアルという言葉にネガティブなイメージが持たれがちです。

マニュアルを使うと、決められたこと以外の仕事をできなくなる、受け身の人間を生み出す、とも指摘されます。

要するに無味乾燥なロボットを動かすような画一的なイメージがあるようです。

しかし、そういう人をつくるのが無印良品の目的ではありません。むしろ、マニュアルをつくれる人になるのが、無印良品が目指すところなのです。

MUJI

マニュアルに対する従来のイメージは……

マニュアルを使うと、決められたこと以外の仕事ができなくなる

受け身の人間を生み出す

無味乾燥なロボットを動かすみたい

ネガティブイメージはまず捨てる!

無印良品ではマニュアルによって……

「無印良品らしさ」を創出!

→ マニュアルを使うだけでなくマニュアルをつくれる人を育成

→ 全社員、全スタッフで問題点を見つけてマニュアルを改善していく姿勢を重視!

2 マニュアルをつくったところから仕事はスタートする

マニュアルを重んじていると、社員やスタッフがマニュアルに依存してしまうのではないか、と考える人もいるはずです。

しかし、そもそもマニュアルは、社員やスタッフの行動を制限するためにつくっているのではありません。むしろ、マニュアルをつくり上げるプロセスが重要で、全社員、全スタッフで問題点を見つけて改善していく姿勢を持ってもらうのが目的です。

社員がマニュアルに依存しているとすれば、マニュアルのつくり方や使い方に問題があるといえます。

マニュアルをつくること自体は問題ではなく、方法が悪いのかもしれないということです。本章では、無印良品でいかにマニュアルをつくりあげ、活用しているかを具体的に紹介しますので、是非参考にしていただきたいと思います。

仕事の最高到達点はどこか

私は、**マニュアルは社員やスタッフ全員でつくり、〝仕事の最高到達点〟にすべき**と考えています。そのためには、定期的に改善して更新していく必要もあります。

マニュアルをつくったら、そこで仕事は終わったと考えてしまいがちですが、そうではありません。

マニュアルをつくったところから、仕事はスタートします。

マニュアルは、仕事のマネジメントツール（管理する道具）なのです。

マニュアルに使われるか？ マニュアルを使うか？

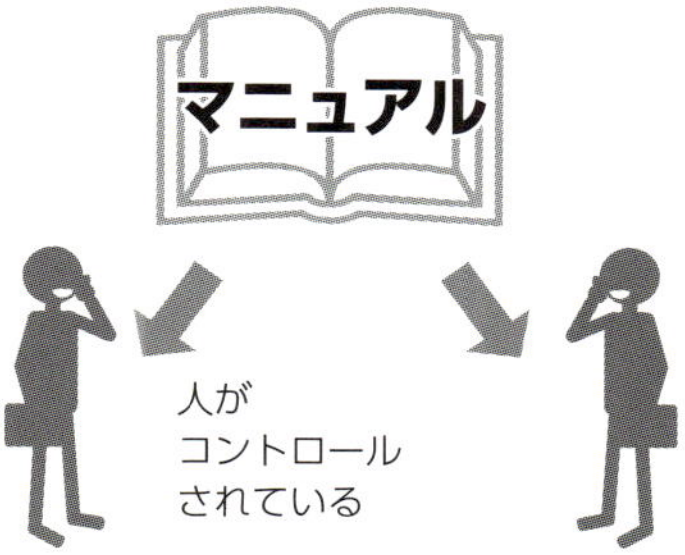

✕ **マニュアルに「使われている」ケース**

マニュアルが社員をコントロール
していて、社員がマニュアルに依存

マニュアルをつくることが問題なのではなく、「つくり方」「使い方」に問題

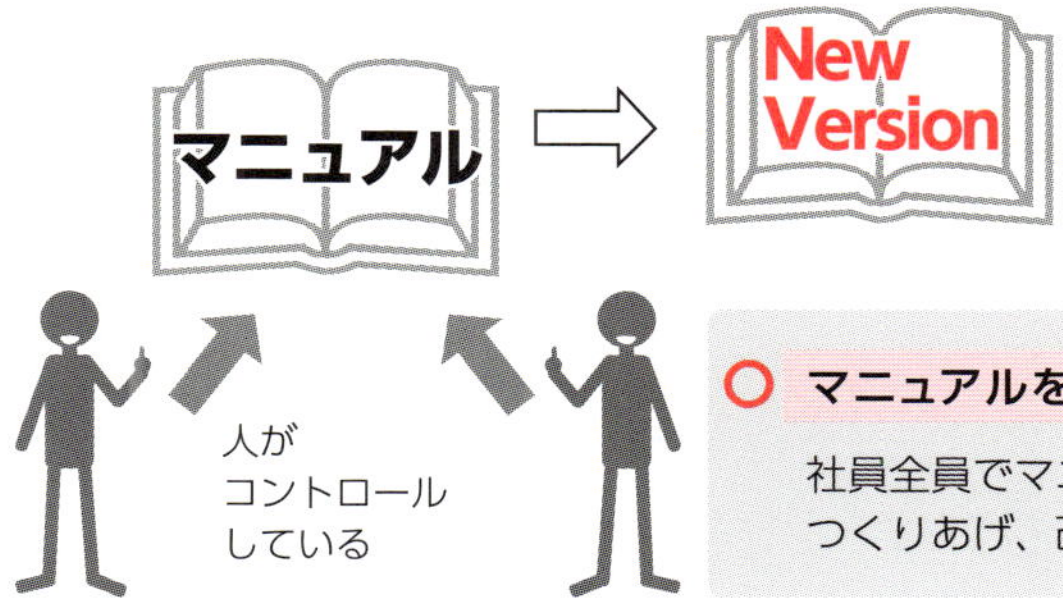

○ **マニュアルを「使っている」ケース**

社員全員でマニュアルを
つくりあげ、改善していく

マニュアルが「仕事の最高到達点」になるように定期的に改善、更新

重要！

マニュアルをつくった段階で仕事が終わるのではなく
マニュアルをつくったところから仕事は始まる

3

仕事の「目的」をはっきりさせよう

かつての無印良品では、本部が共通の販売企画を考えたときでも、各店で実行されるまでに相当なタイムラグが生じていました。

たとえばイトーヨーカ堂が強いのは、「本部から通達があると、翌朝にはすべての店の売り場ができあがる」という実行力に優れているからです。

無印良品の元の母体であった西友を含む旧セゾングループでは、それが一週間から一〇日ぐらいかかっていました。

そのままでは変化の早い今の時代には対応できません。

実行力のある企業にするためには、オペレーションをもっと科学的にしなければならないと考え、取り組んだのがMUJIGRAMの作成でした。

どの店でも、同じ質のサービスを

機動力のある現場にするためには、仕事を標準化すること。

誰もが実行できる素地を整えなければ、その先の発展はないと考えたのです。

それと同時にMUJIGRAMが必要とされるのは、お客様がどこの無印良品に行っても同じ商品を同じサービスで受けられるようにする最低限の基準を定めるためです。

このように、会社の仕組み＝マニュアルをつくるときには、その「目的」をはっきりさせておくことが重要です。

マニュアルをつくる目的＝「仕事の標準化」

マニュアルがなかった時代の無印良品

＝

各店舗の店長が、思い思いの店をつくってスタッフを指導

➡ 店ごとに**「規格がバラバラ」**に

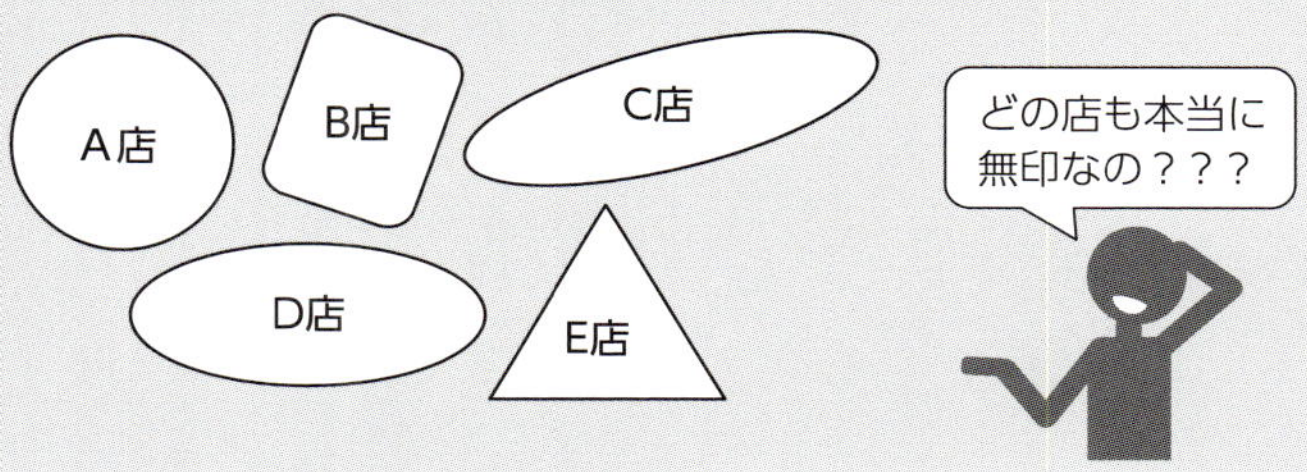

マニュアルができてからの無印良品

＝

どの店に行っても**「同じサービス」**が受けられる

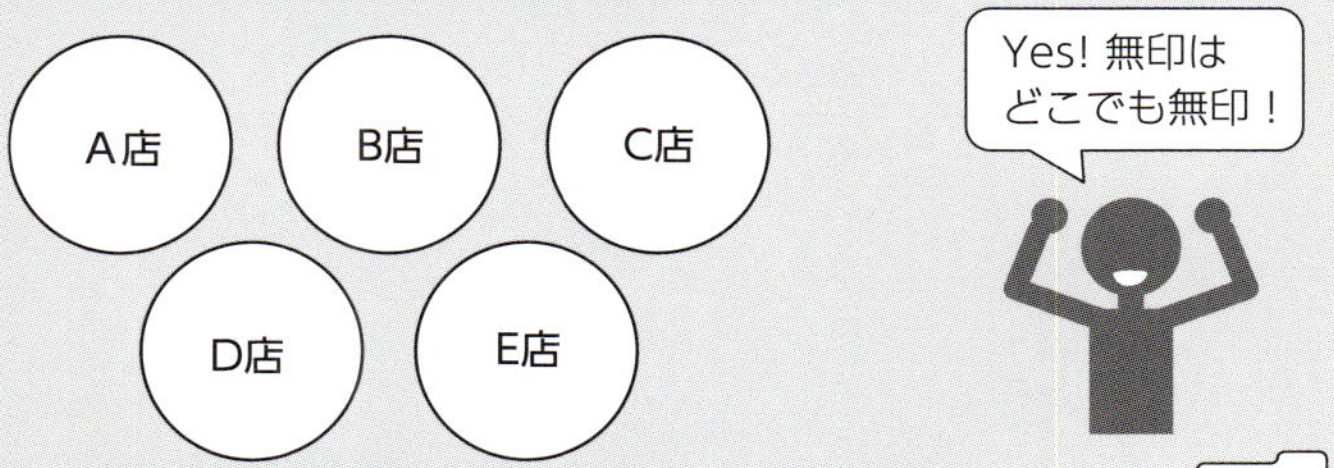

つまり……

「店づくりのノウハウ」や「接客などのサービス」
が統一できていてこそ
全国どこの無印良品に行っても
「無印良品らしさ」に出会える！

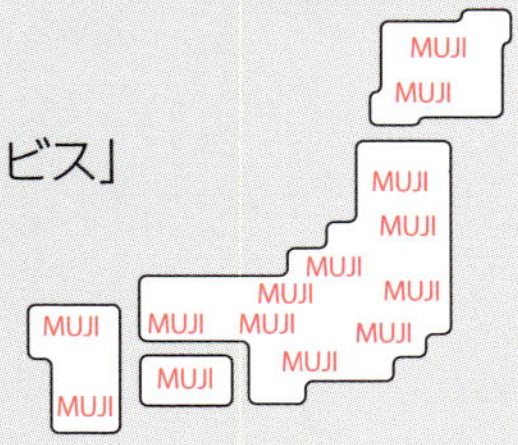

4

マニュアルには五つのメリットがある

マニュアルによって、社員の仕事のレベルを均一にしたいのか、コストを削減したいのか、作業時間を短縮したいのか……。企業によっても部署によっても、解決したい問題は異なるはずです。

それが定まっていないと、現場で使えるマニュアルにはなり得ません。

ここではマニュアルをつくることによって得られるメリットを紹介しておきます。実際にMUJIGRAMを作成して運用するうちに、こうした部分においては想像以上の効果があることが感じられたものです。

マニュアルの一番の目的を何にするか

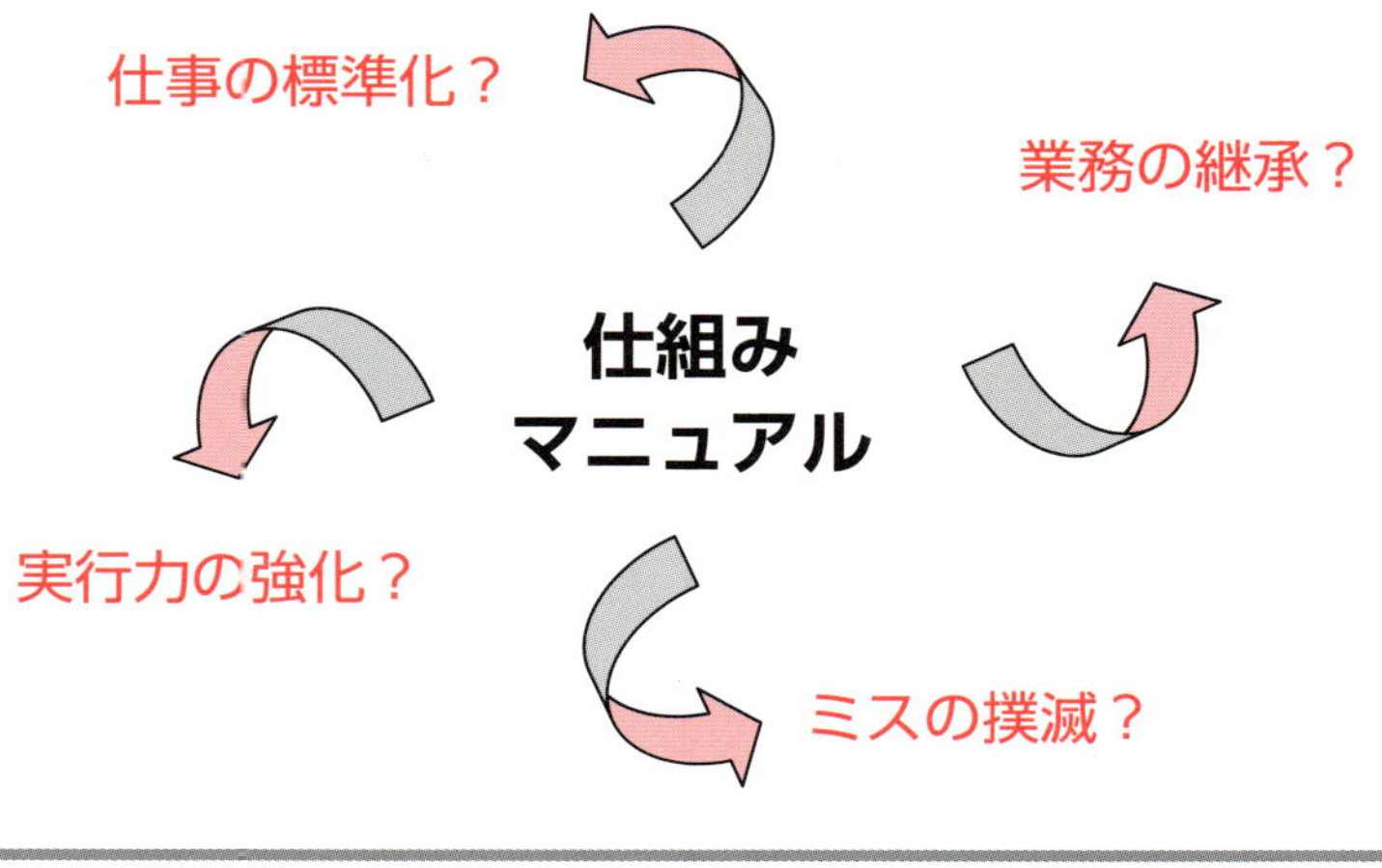

仕事の標準化？
業務の継承？
仕組み
マニュアル
実行力の強化？
ミスの撲滅？

MUJIGRAMが生んだ５つのメリット

①「知恵」を共有する

現場で働いているスタッフの考えをすくい上げ、
知恵や経験を全員で共有！

②「標準なくして、改善なし」

仕事が標準化され、同じ業務を誰が行っても同じように
できるようになる

③「上司の背中を見て育つ」文化との決別

上司固有のノウハウで部下を育てる文化とは決別し、
効率的に指導

④ チームのメンバーの顔の向きをそろえる

組織の理念を繰り返し伝えるツールとなり、
ブレをなくしてくれる

⑤「仕事の本質」を見直せる

マニュアルをつくる段階で、普段、何気なく
している作業を見直すことになる

１＋１＋１＋１＋１＝無限大

POINT！

マニュアルは組織の体質を変え、
働く人の意識を変えるために必要なツール
一つひとつの作業の意味を考え直すことで、
仕事のやり方や姿勢を深く掘り下げるきっかけにもなる

5
トップダウンではなく ボトムアップで

多くの会社では、マニュアルは〝上の人たち〟が作成していることが多いようです。トップダウンで決めごとをつくり、現場に渡しているのではないでしょうか。

無印良品でも、最初のマニュアルは本部主導で作成していましたが、その頃のマニュアルは、店舗で頻繁に使われるようなことはなく、すべての店の業務を統一するというレベルにまでは達しませんでした。

なぜなら、「現場を知らない人」がつくっていたからです。

現場の問題点を知っているのは、当然ながら現場の人間です。

店の中に埃《ほこり》がたまりやすい場所がある、棚の角が出ていて作業がしづらい……といった問題点は、本部の人間がたまに視察に訪れるくらいではなかなか気づきません。だから、マニュアルは、現場にいないトップがつくってはいけないのです。

仕組みは「現場の人」がつくれ

マニュアルをつくるときは「現場の知恵を拾い上げる」、つまりボトムアップの仕組みを整えることが大切です。

マニュアルは、それを使う人が、つくるべきなのです。

また、特定の部署だけがつくるのではなく、すべての部署に参加してもらうこと。

さらにいうなら、すべての社員が参加できる道筋を整えておくのがコツといえます。

MUJI

使えるマニュアルと使えないマニュアルの分かれ道

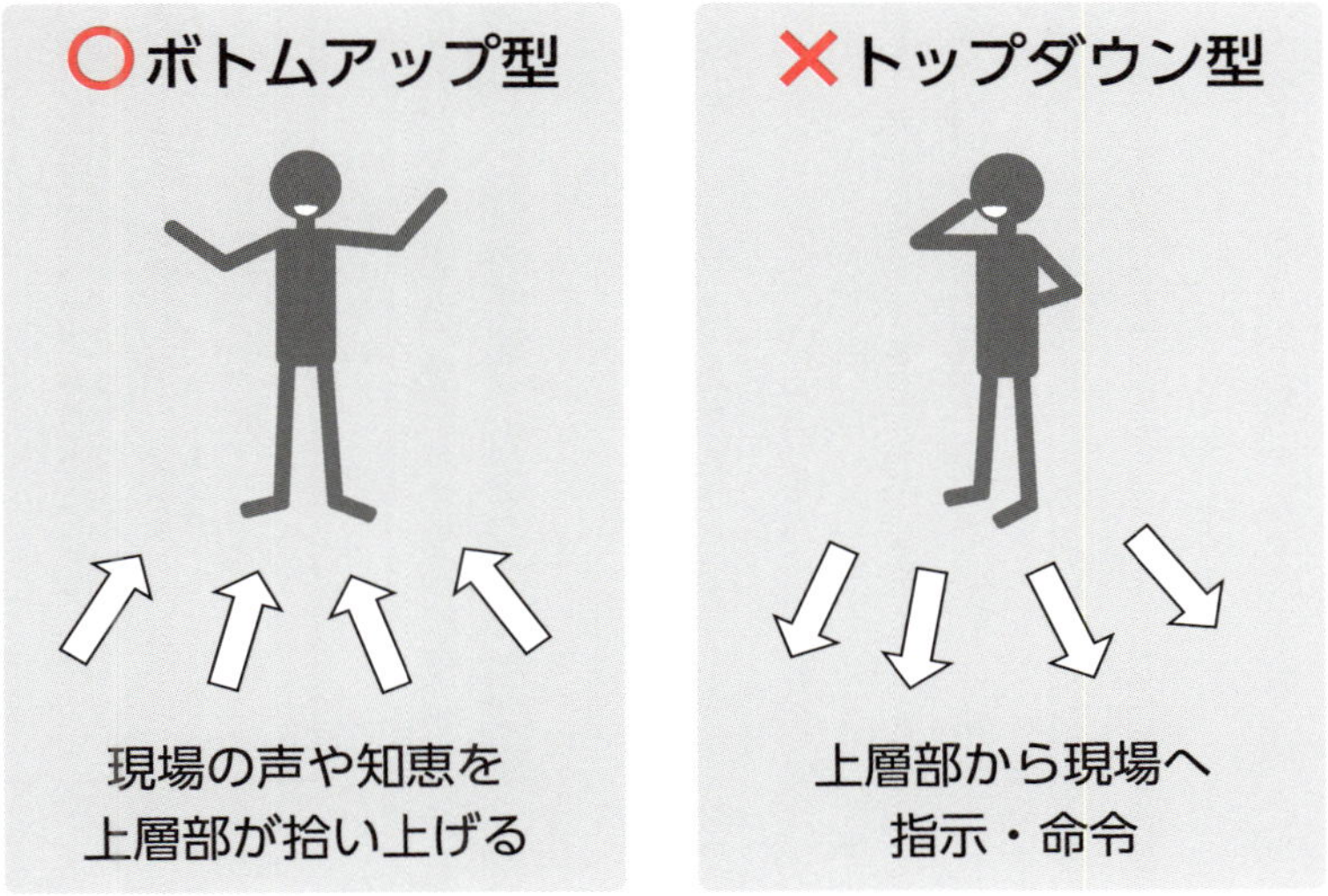
○ボトムアップ型
現場の声や知恵を
上層部が拾い上げる
×トップダウン型
上層部から現場へ
指示・命令

重要！ マニュアルは“上の人たち”ではなく
それを“使う人”がつくるべき

EPISODE

ある年の無印良品では、現場から約20,000件の要望があがりました。私たちは、そうした声の一つひとつを検討していきます。その年には結局、443件の意見が採用されて、MUJIGRAM化されました。現場で見つかった改善点は、まずその現場で実行されます。そしてMUJIGRAM化されれば、標準的な業務になっていきます。

6

「顧客視点」と「改善提案」がマニュアルづくりの柱

MUJIGRAMをつくるにあたっては、「顧客視点」と「改善提案」の二つを大きな柱にしています。

顧客視点とは、お客様からのリクエスト、クレームを指します。

具体的には、「顧客視点シート」というソフトをつくり、売り場でお客様からいただいたご意見、あるいはお客様の様子を見て必要と思われたことなどを、店舗のスタッフが入力するようにしました（会社によっては共有のエクセルファイルをつくってもいいかもしれません）。

スタッフが気付いた点や要望も入力できる欄を設けています。こちらが**改善提案**です。

トラブルや不便な点を報告するのも大切ですが、**さらに重要なのは、改善点をスタッフが提案すること**です。これにより問題点を自ら解決しようという能動的な姿勢が生まれます。

知恵を選別する

なかにはシートで報告する際に画像を添付して、「ここをこう変えたらどうか」とアイデアを提案するスタッフもいます。そういうところにこそ現場で生まれる知恵があります。

こうした現場発の意見を、まずエリアマネージャーが選別します。そのうえで本部がそれぞれのアイデアを精査します。

採用された案はMUJIGRAMに載せることになり、本部の各部門や店舗にフィードバックされ、それぞれのMUJIGRAMが更新されます。

「提案」を「具体化する」ルート

パターン1

本部の意向
⬇
そのままマニュアル化 ⇨ ✕ 現場では役に立たないマニュアルになる

NO……

パターン2

店舗スタッフの提案
⬇
本　　部 ⇨ ✕ 費用対効果が悪いマニュアルになる

NO……

パターン3

店舗スタッフの提案
⬍
エリアマネージャー
⬍
本　　部 ⇨ ○ バランスのとれたマニュアルになる

Yes！

■エリアマネージャー の役割

本部と現場の「中間の立場」から、現場発の意見を選別。重複などがないかを精査してから本部に意見をあげます。

POINT！

マニュアルづくりに必要なのは「顧客視点」と「改善提案」

① **顧客視点**
＝お客様からのリクエストやクレーム

② **改善提案**
＝スタッフが気づいた改善のための要望

7

「新入社員でも理解できる」マニュアルを

ビジネスの世界で〝わかりやすく書く〟ことの究極は、新入社員が読んでも理解できるような言葉で、具体的に説明することです。

マニュアルをつくるときも同様です。

MUJIGRAMでは、「インナー」「POP」といった簡単な用語を解説するページもつくっています。

「それぐらいの言葉、みんな知っているのでは？」と思うかもしれません。しかし、無印良品には学生さんのアルバイトも多いので、我々が普段使っている言葉でも意味が通じない場合もあるのです。

言葉は意外に難しい

同じ言葉であっても、会社によって用法が違うこともあります。社内で頻繁に使う言葉の意味も明記しておけば、話の行き違いが少なくなります。

専門用語や符丁を多用していると、閉鎖的なグループをつくってしまいかねず、組織が硬直化する原因のひとつになります。

どこまで具体的に説明するかが、マニュアルに血を通わせる最大のカギといえます。

マニュアルの基本は、読む人によって判断軸がぶれるようなつくり方をしないこと。

一〇〇人いたら一〇〇人が同じ作業をできるようにすることが、血の通う仕組みを根付かせるためには重要なのです。

MUJI

マニュアルではどこまで具体化するか？

たとえば……。

【マニュアル内の記述】
丁寧にお客様に説明する

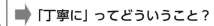

➡「丁寧に」ってどういうこと？

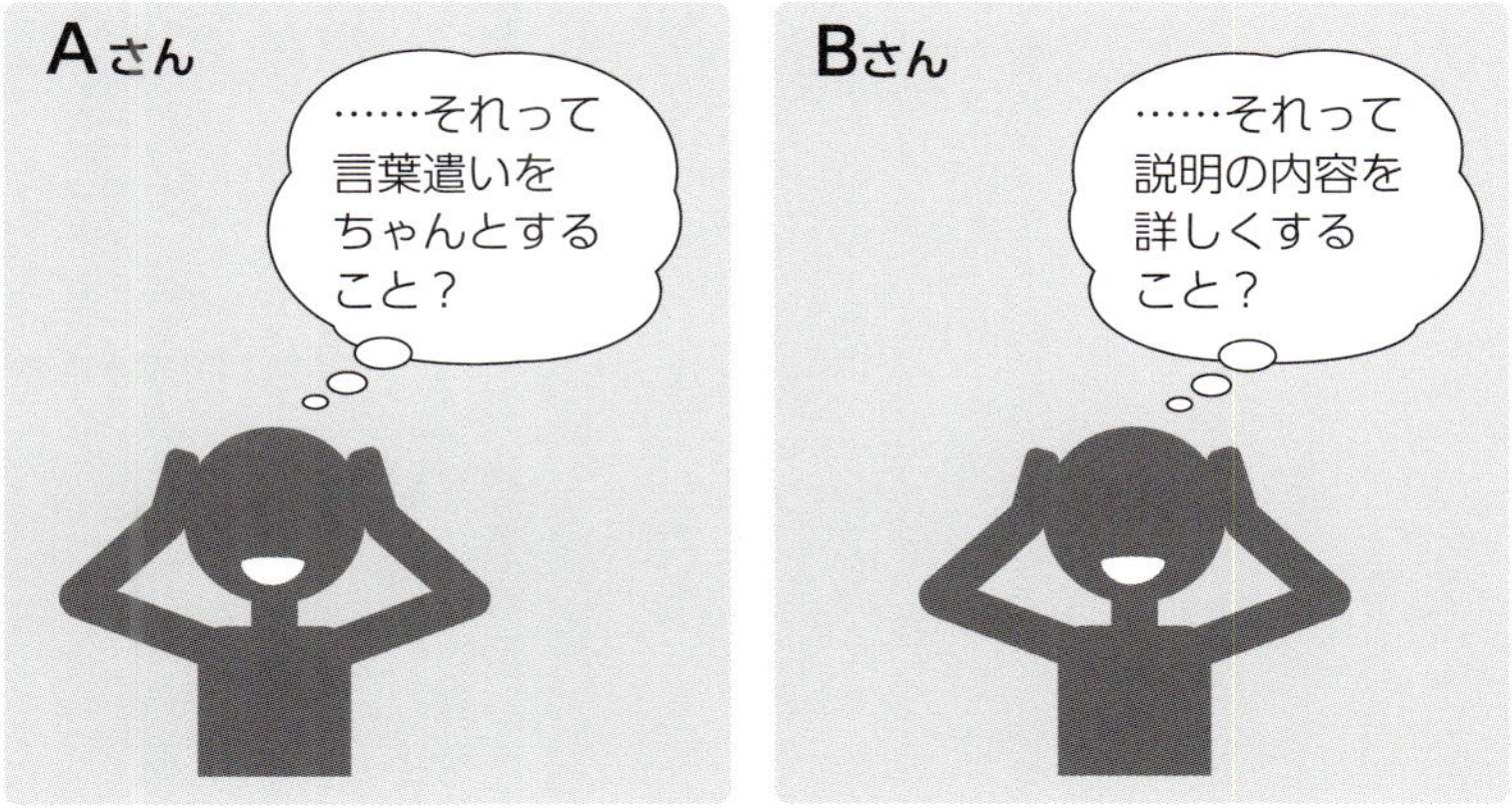
Aさん
……それって
言葉遣いを
ちゃんとする
こと？
Bさん
……それって
説明の内容を
詳しくする
こと？

人によって受け取り方が異なる

そうなると……

その仕事の方法が「基準」にならない！

そうならないように……

具体的な記述をすれば（「丁寧」を定義すれば）➡**「基準化」できる！**

8

「何、なぜ、いつ、誰が」の理解が仕事の視野を広げる

単純な作業や簡単な仕事になると、「なぜそれが必要なのか」が把握できず、手を抜いたり雑になるというのはよくある話です。

たとえば、コピー取りやお茶汲みなどの仕事をおろそかにしてしまう新入社員もいます。そんなとき、**その仕事が全体の仕事の中でどのような位置づけにあるのか**を説明すれば、取り組む意識は変わるはずです。

プレゼン資料をコピーするという作業も、何も知らずにやるのと、企画の内容や重要性を知ってやるのとでは姿勢が変わってきます。

ただのコピーでも、自分のちょっとしたミスがビジネス上の大きな失敗につながるかもしれないと意識すれば、注意して資料を揃えるようになります。

目的を最初に伝えれば、仕事の全体像を俯瞰《ふかん》できるようになるのです。

「なぜこの仕事が必要か」

MUJIGRAMでも各カテゴリーの冒頭に必ず、「なぜその作業が必要なのか」を記しています。

肝心なのは、どのように行動するかではなく、何を実現するかです。

「どのような売り場をつくるのか」
「どのようなサービスを提供するのか」
「どのような商品をつくるのか」

を常に念頭に置いて仕事を進めていかないと、ただ言われたことをこなすだけになってしまいます。

MUJI

作業の説明もまず「目的」から！

○

「４つの目的」
を説明してからノウハウの説明

×

「なぜ、それをすべきか」の説明
を飛ばして、作業だけを指示

無印良品では……

たとえば
MUJIGRAM「売り場の基礎知識」の中の【売り場】の説明

何：商品を売る場所のこと
なぜ：お客様に見やすく、買いやすい場所を提供するため
いつ：随時
誰が：全スタッフ

誰もがわかっているような基本的な部分も含めて「４つの目的」を説明してから「ノウハウ」の説明をするフォーマットになっています

9

「見える化→提案→改善」という循環でマニュアルに血が通う

どんなにいいマニュアルをつくったとしても、つくっただけでは「絵に描いた餅」で終わってしまいます。

社員全員に使われてはじめてマニュアルに血が流れて、その機能を果たすことができるのです。

もう少し詳しく、〝血が通ったマニュアル〟とは、どういうものかを説明しましょう。

無印良品では、マニュアルによる見える化を徹底しているので、それによって気づけることも多くなります。そこで社員から改善提案が出されて理にかなっていると判断されれば、マニュアル化して運用します。

社員からの意見や提案によって一つひとつの業務に改善が重ねられ、仕事の方法がより合理的になっていきます。

そういう循環が生まれてはじめて血が通った仕組みになります。

リーダーが率先して使おう

さらにいうなら、リーダーが率先してマニュアルを使わないと、組織に根付きません。そのため、無印良品では月一回、店長にテストをして、マニュアルを現場に浸透させるようにしています。

リーダーが把握していないことを、スタッフが把握できるはずはないからです。リーダーが徹底して活用しなければ、生きたマニュアルにはならないのです。

仕組みがうまく機能するサイクル

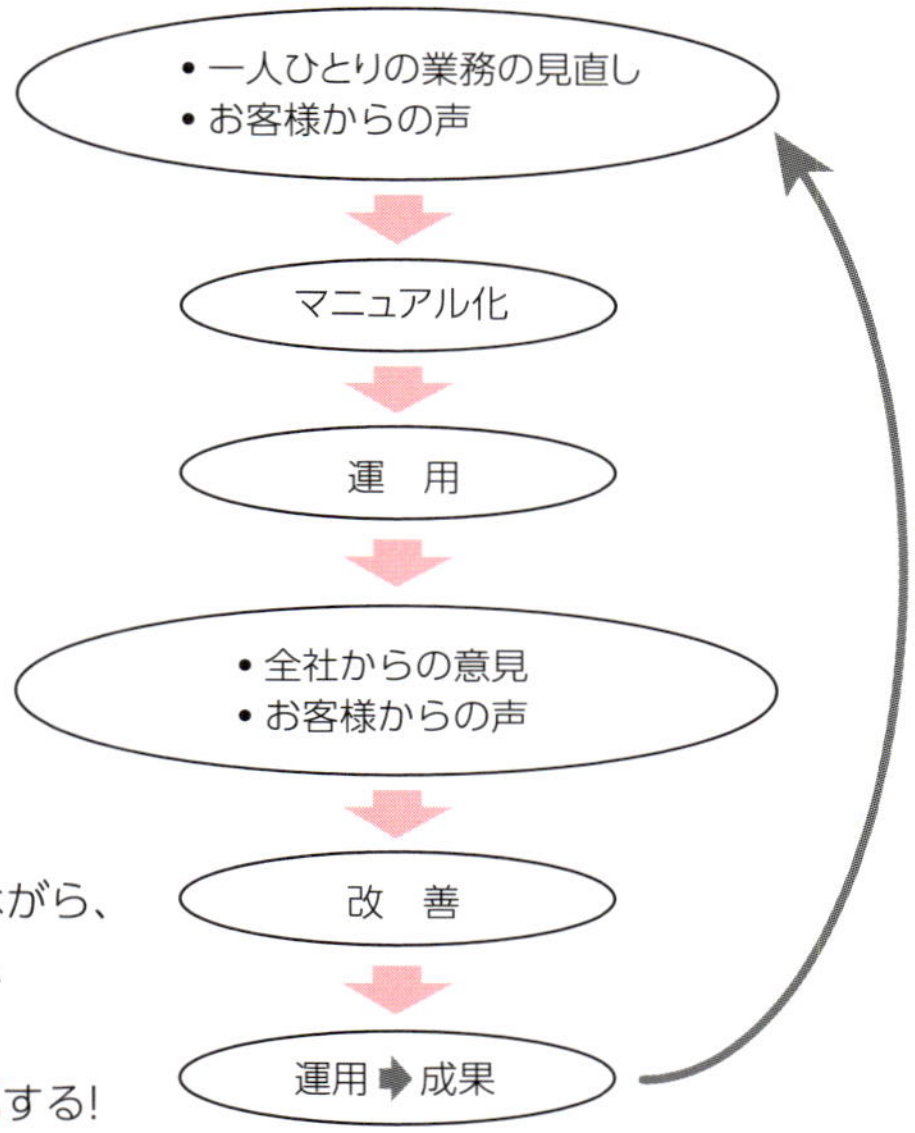
• 一人ひとりの業務の見直し
• お客様からの声
マニュアル化
運　用
• 全社からの意見
• お客様からの声
改　善
運用 ➡ 成果

仕組みをつくりながら、
改善を繰り返すと、
仕事はどんどん
効率化・進化する!

EPISODE

無印良品では、店長に必要とされる８つの資格があります。衛生管理者、防災管理者などがそうです。以前はこれらの資格を店長になってから取るようにしていましたが、店長業務のかたわらで資格取得をするのは大変でした。「店長になる前に取ったほうがいいのではないか」という改善提案が社員から出されて、その意見を取り入れました。

現場の声を聞いて、マニュアルを見直せば、それまで暗黙の了解のうえで成り立っていた業務の問題点が見えてくることもあるのです。

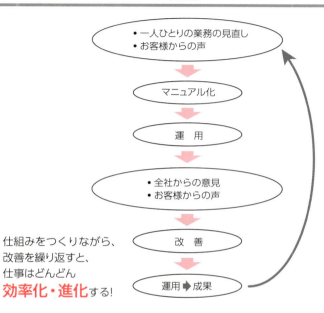

10

「隠れたムダ」を見つけて生産性を向上させる

マニュアルを作成するときは、部署ごと、あるいはチームごと、という単位で普段の業務を洗い出していくのが基本です。

自分一人ではなく、複数の人が業務を一つひとつ検討することでムダを割り出していく。

これが、マニュアルをボトムアップでつくるメリットのひとつです。

何から手を付けたらいいのかわからず、悩む人もいるかもしれませんが、そんなときは、まずは自分の普段の業務を見直すところから始めてみるといいでしょう。

営業部員なら、「電話をかけてアポを取る」ところから始めて、「商談で何を話すのか」「自社の商品やサービスの説明をどうするか（同業他社との比較、先方の要望を聞く）」など、交渉の際の業務まで細分化します。

そのすべてを他の営業部員たちでもできるように明文化していきます。

そうして細かく見ていくと、普段なんとなくやっている業務にも多くのムダが潜んでいることに気付けます。

自分の仕事の見える化

たとえば、一日に何度もチェックしているメールも、見る回数を決めて、返信するときにかける時間を決めておけば、メールチェックの時間を短縮できます。メールを読んでも返事を書くのを後回しにすれば、同じ作業を二度繰り返すことになります。

MUJI

小さな作業でも、ムダが積み重なって時間が足りなくなるケースはよくあります。**仕事の改善点は、どこにでも見つけられるのです。**

無印良品の店舗では、売れた品を棚に補充するための「品出し」を、以前は頻繁に行っていました。

そこで、売れ筋の商品は多めに品出しをしておき、「回転の悪い商品の品出しは一日一回」と決めたところ、品出しの回数が減り、現場のスタッフは他の作業に回れるようになりました。

さらに、回転の良い商品の売上げも伸びていき、効率的に売上げアップを図れるようになったのです。

このように、ひとつの作業を見直すだけで、生産性がアップする効果があります。

POINT！

①本当にその業務は必要なのか？

②足りない業務はないか？

普段、行っている業務を見直すときには、
まず上記２点をチェック！

普段、なんとなくこなしている業務にも、多くのムダが潜んでいることに気づける!!

11

あなたの仕事のやり方は「常に最新版」ですか？

仕事は「生き物」です。

日々、変化して進化していきます。

「今の仕事のやり方」が、来月もベストなやり方であり続けることはありません。

ところが、仕事のやり方を一度決めてしまうと、それに満足してしまい、しばらくは見直しをしないケースが多いようです。

マニュアルをつくるのにも相当な労力がかかるので〝守る〟意識が生まれ、問題点が報告されても数年経ってからようやくマニュアルの改良に着手するのが一般的だと思います。

これが、マニュアルが使われなくなっていく最大の理由でもあります。

せっかく決めた仕事のやり方が、すぐにビジネス環境や仕事の現場に合わなくなってしまうからです。

随時、更新するのがコツ

マニュアルに完成はありません。どんなに一生懸命つくっても、できあがったその瞬間から内容の陳腐化は始まります。

一年に一回、改善点をまとめて報告し、検討しているとしても、対応は後手後手に回ってしまいます。

目の前にある問題点には、すぐ対処する。

その意識を持ってもらうためにも、マニュアルはできるだけリアルタイムに、最低でも月に一度くらいは見直し、随時、更新していくのがいいのです。

MUJI

アップデートは常に必要！

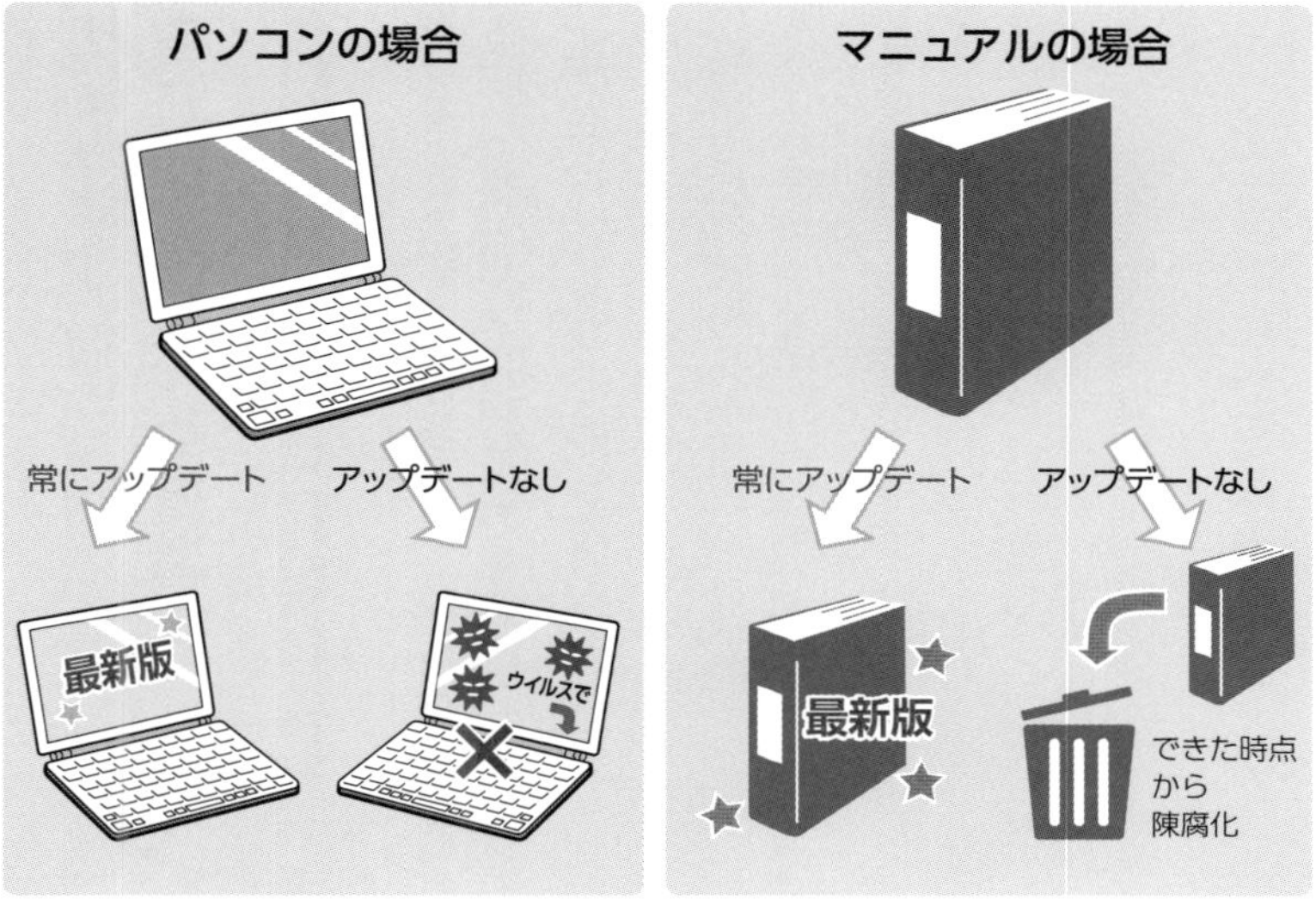
パソコンの場合
常にアップデート
アップデートなし
最新版
ウイルスで
マニュアルの場合
常にアップデート
アップデートなし
最新版
できた時点
から
陳腐化

リアルタイムの改善を続けていかないと、
使えなくなるか、使われなくなってしまう……

無印良品では……

マニュアルを統括している部門があるので、社員やスタッフの改善提案には随時、対応！　MUJIGRAM は常にアップデートされ、最新版といえる内容になっています。

常に改善を考えていれば、世の中の流れにも連動できます。

服のデザインなどにしても、ニーズは常に変化している中で、「情報源」にもなるお客様の声に合わせてマニュアルを変え続けていけば、マーケットの変化の半歩先を行くぐらいの商品やサービスを提供できます。それが「市場で勝ち続ける鉄則」です。

12

仕組みは「どんな業務」でも役に立つ

「ショップなどではない部署にはマニュアルは必要ない」と思う人もいるかもしれません。

しかし、**マニュアルがマネジメントツール（仕事の管理をする道具）**だと考えれば、すべての職種のどの部門にも必要になります。

無印良品の本部には「業務基準書」というマニュアルがありますが、ページ数はＭＵＪＩＧＲＡＭの三倍以上になります。

たとえば広報や商品開発、店舗開発などは、一般的にはマニュアルを必要としない職種だと思われがちです。

しかし、**マニュアルの目的のひとつが「仕事の内容を誰にでも引き継げるようにすること」**だと考えれば、**マニュアルにすべき素材はいくらでもあります。**

事務作業も見える化＆仕組み化

本部でマニュアルをつくる場合、基本は部署ごとに作成しますが、それを統一する仕組みも必要です。

部署ごとに独自にやっている状態では、「見える化」が進んでいるのかをチェックすることができません。部長が代わるたびにマニュアルは雲散霧消して業務が引き継がれないのでは意味がありません。

それを防ぐためにも、マニュアルを一括で管理する部門をつくっておくのがベストです。そうして業務のベースを固めておくことができれば、異動のあともスムーズに仕事を引き継げるようになるのです。

MUJI

マニュアルが必要なのは店舗だけじゃない！

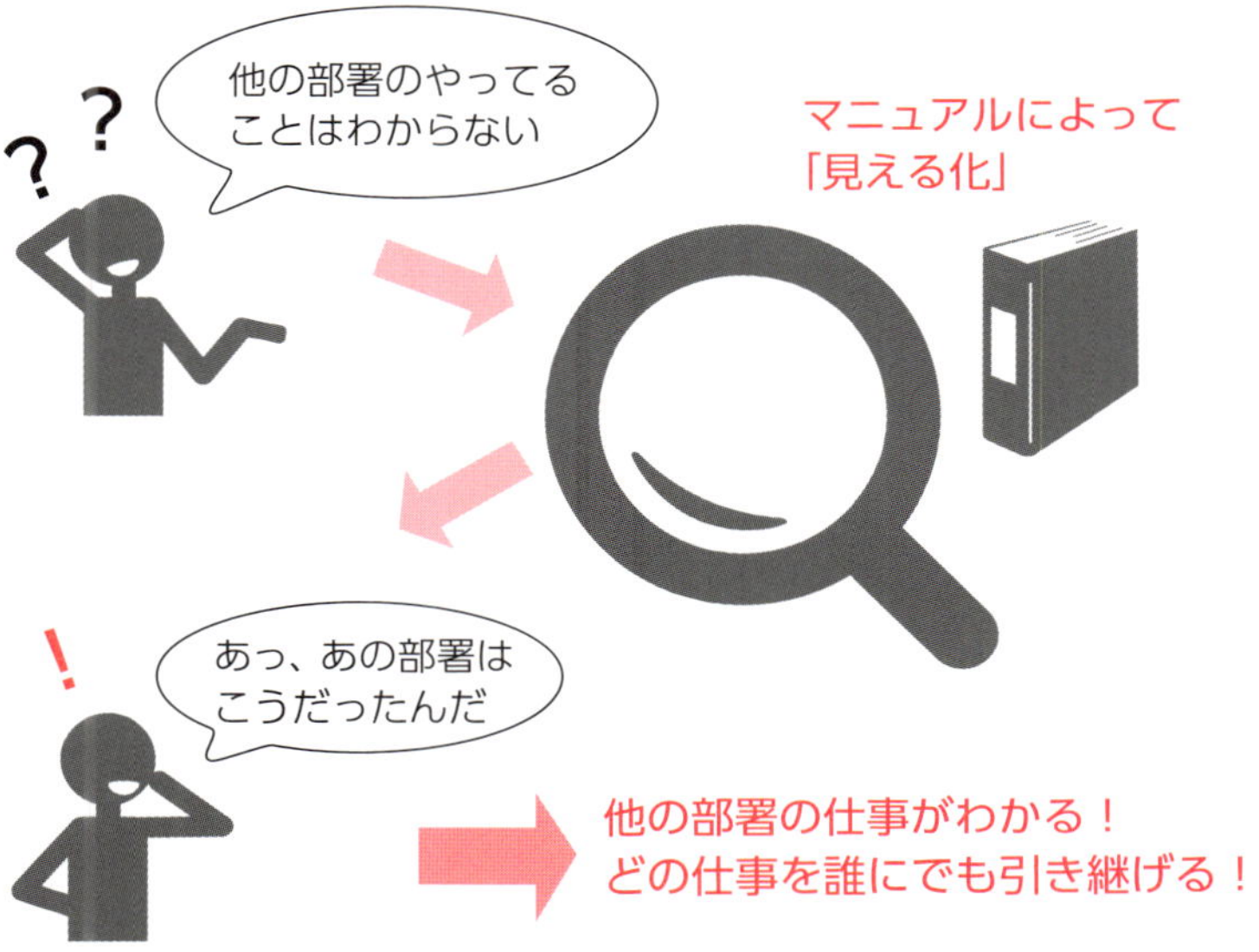
他の部署のやってる
ことはわからない
マニュアルによって
「見える化」
あっ、あの部署は
こうだったんだ
他の部署の仕事がわかる！
どの仕事を誰にでも引き継げる！

無印良品では……

さまざまなことを**徹底的に見える化！** たとえば……

①名刺の管理

重要取引先と会う回数の多い課長が一括して管理
【目的】取引先の情報を検索するときの効率化と情報共有

②商談のメモ

名刺の管理と同様、情報はオープン化
【目的】個人の経験則だけにしないで部署内全員で情報を共有

13

苦情を激減させた「リスク管理法」

どの企業でもクレームは日々発生しますし、社内でもコミュニケーション不足などが原因で、さまざまなトラブルが起こります。

ミスやトラブルは企業全体で共有してこそ、初めてプラスに転化できます。

たとえばMUJIGRAMでは、お客様からクレームがあった場合は、一次対応として五つの応対を決めています。つまり、

①限定的な謝罪
②お客様の話をよく聞く
③ポイントをメモする
④問題を把握する
⑤復唱する

の五点です。

また、「言い訳をせずに最後まで聞く」「お客様の表現でメモする」といった注意点も記してあります。

最終的な対応は店長がきちんとしますが、最初の対応は全スタッフができるようにしておかなければなりません。対応するのが、たとえ新人スタッフであっても、お客様にとっては同じ無印良品のスタッフです。

また、お客様と接する機会のない部署でも、取引先とのトラブルはあるはずです。そのため業務基準書では、取引先との契約や取引でトラブルが起きると想定される部署では「リスク管理のマニュアル」を作成しているのです。

ミス事例を蓄積する仕組み

部下がミスやトラブルを起こしたときに、

「次からは気をつけるように」のひと言で済ませてしまうリーダーもいるのだと思います。その後、その部下はミスをしないよう気をつけるかもしれませんが、他の部下が同じミスをする恐れもあります。

同じトラブルを未然に防ぐ判断材料として、その情報を役立てるべきです。そのためにもトラブルの事例はフォーマットをつくって、管理しておくことが勧められます。

無印良品ではこのような体制を整えてから、二〇〇二年度下期に七〇〇〇件を超えていたクレームが、その後右肩下がりになり、二〇〇六年度上期以降は一〇〇〇件台前半を推移しています。

重複して起こりうるクレームの発生を、未然に防止できた成果だといえます。

POINT！

リスク管理のマニュアルでは
トラブルの事例をフォーマットで管理

①ミスやトラブルが起きたとき、犯人捜しをしても意味はない

↓

②起きてしまった事例は、同じトラブルを防ぐための判断材料にするべき

↓

③そのためにもフォーマットをつくって事例を管理

14 マニュアルで「人材」も育成できる

私が西友で人事の課長に就いたとき、

「経理部の社員が一人前になるには一五年かかるんだよ」

と上司に言われました。「経理の仕事は、商品会計や財務など、大きく分けると四つぐらいあって、それをひと通り経験するには一五年かかる」ということでした。

そうなると、経理に配属された人は、定年まで経理しか経験できなくなります。入社して一五年かけて経理の仕事を覚えた頃には、四〇歳前後の中堅社員です。その段階で営業や商品開発のような部署に異動となっても、何もできないでしょう。

そうなると人材の流動化が進まず、組織が硬直化してしまいます。

仕事を覚える時間を三倍速く

仕事を覚えるのに一五年かかるのは、上司から部下に仕事の仕方を口頭で教えるという、いわば〝口《く》伝《でん》の世界〟だったからです。

私はこれを明文化しようと決めました。一五年かけていた仕事を、新入社員でも、ある程度できるようにしたかったのです。

その仕組みができたことで、経理の担当者はわずか二年間でひと通りの仕事を覚えられるようになりました。五年もあれば一人前の経理部員のレベルです。

マニュアルをつくると、効率的に人材育成ができるようになるのです。

新入社員教育はどちらが効率的?

上司から部下へ口頭で教育

仕事を覚えるのに15年かかる

×

次の部署に異動させられず組織が硬直化

マニュアルとして明文化

2年である程度覚えられて、5年もあれば一人前

○

早い段階で「戦力」になり「いろいろな部署」を経験できる

無印良品では……

- 「業務基準書」の経理部の業務における店舗に関する会計だけでも、11個のカテゴリーに分割してマニュアル化！
- そのため経理の担当者は業務基準書を読みながらさまざまな業務を進められる
- 仕事に迷いがなくなり、やり直しのケースがほとんどなくなる
- 担当者が異動になったときにも、業務の引き継ぎがスムーズ！

つまり……

人材育成がうまくいくだけでなく、「人材育成をする人」も育成できる！

無印のマニュアル❶

あらゆる仕事を標準化する

この章の最後に、無印良品の具体的なマニュアルをいくつか紹介しておきます。読者の皆さんが、そのまま導入できるものは少ないかもしれませんが、参考にしていただき、自社流・自分流にアレンジしてみてください。

たとえば〝店の顔〟となる店頭のディスプレイでは、通りすがりの人の目を引きつけ、興味をもってもらい、店内に誘わなければなりません。

マネキンのコーディネートなどは、それこそ「センスや経験が問われる作業」に思えますが、無印良品ではこれもマニュアル化しています。

コーディネートを本格的に勉強するとなれば、覚えるべきことは際限なくありますが、MUJIGRAMではたった一ページのなかにポイントを絞り込んでいます。

「シルエットを△形か▽形にする」
「使う服の色は三色以内」

基本はこの二点だけです。

これとは別に、参考として「色についての基礎知識」を解説したページがあります。

これで、誰であっても手探りをしながら、洋服を組み合わせられるようになります。極端にいえば、新入社員でもマネキンのコーディネートができるのです。

どんな作業にも「うまくいく法則」があります。それを見つけて標準化することが大切です。

「マニュアル化できないもの」はない

例――「店頭ディスプレイ」のマニュアル

(12)マネキンコーディネートのポイントについて

■シルエットのバランス
・シルエットは△か▽のバランス調整をします。

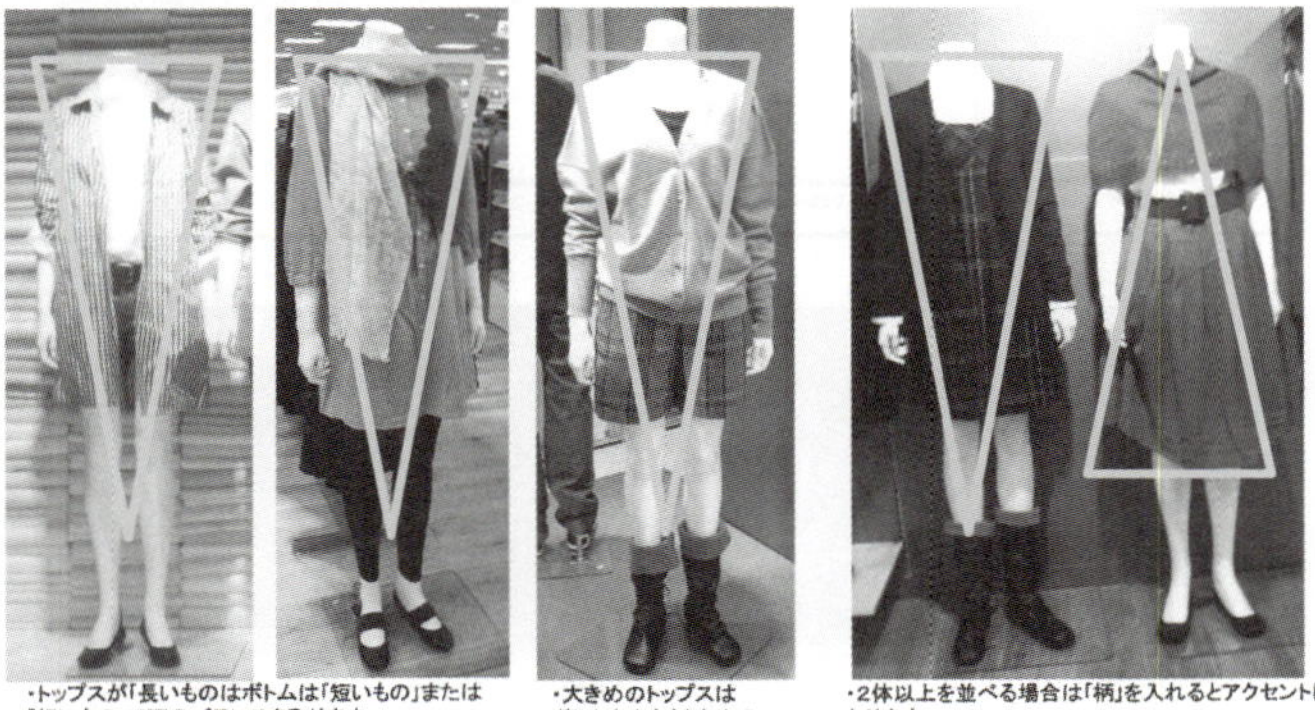

・トップスが「長いものはボトムは「短いもの」または「細いもの」で▽のバランスを取ります。

・大きめのトップスはボトムを小さくまとめて▽のバランスを取ります。

・2体以上を並べる場合は「柄」を入れるとアクセントになります。

■カラーのバランス
・基本カラーは3色以内に収めます。

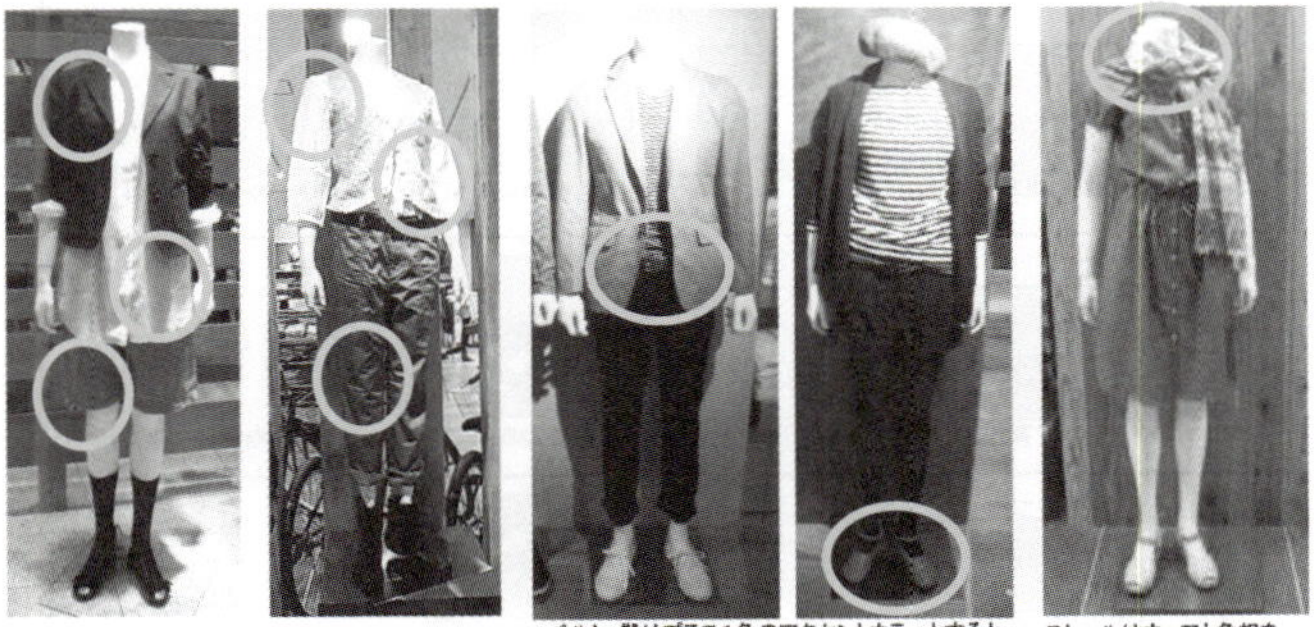

・3色使用の例

・3色使用の例

・ベルト、靴はプラス1色のアクセントカラーとすると引き締まります。

・ストールはウェアと色相を合わせる事で、バランスよくまとまります。

経験が必要と思われる業務も、簡潔に「標準化」

無印のマニュアル②

「商品名をどうつけるか」でわかること

無印良品の商品タグには、「商品名」と「わけ」（商品がつくられた理由。素材や機能、環境視点など）が書いてあります。

このタグ一枚で、商品の説明をするだけでなく、〝無印良品らしさ〟を出さなければなりません。

もし担当者がそれぞれの〝思い〟だけで、商品名やわけを考えていれば、表記もニュアンスもバラバラになってしまいます。そのため、業務基準書では、商品名とコピーのつくり方も決めています。

たとえば……

「無印良品の商品名のつけ方＝まずはお客様にとってわかりやすいこと」
「ウールや麻、綿などの天然素材の名称は使っていい。コットンやヘンプは使わない」
「言葉で飾り立てようとしない。正直なモノを語るには、正直な言葉で」

などといったことです。

読む人に、無印良品の理念まで伝わるように解説されています。

こうした基準をつくることで〝無印良品らしさ〟が徐々に浮かび上がってきます。実際にタグを見たお客様にも、それが伝わるはずです。

このように、**マニュアルは〝その会社が大事にしていること〟もはっきりさせてくれる**のです。

MUJI

会社の理念は、その会社の「マニュアル」に表れる

例――「商品名をつける」マニュアル

業務概要（目的、基本的な考え方、ポイント）

Ⅰ　お客様にとって、わかりやすい「商品名」と開発意図の伝わる「コピー」を作成する

無印良品の商品名のつけ方＝まずはお客様にとってわかりやすいこと

その上で、その商品が最大限に生きる商品名を考える。一番にするポイントは各商品それぞれ。

・無印良品から一番伝えたいこと　・お客様が一番知りたいこと　・お客様が識別できること　・市場の要請（国産など）

実施内容	実施手順
1「商品名」「コピー」の原案作成	①-2　コピー 「はじめに、モノありき」 言葉で飾り立てようとしない。正直なモノを語るには、正直な言葉で。 ・どこが、どう、無印良品なのか―客観的な裏づけを明確にする。 ・伝えたいことの優先順位を決める。（何もかも語ろうとすると、何も伝わらない） ・簡潔にかつ、わかりやすく表現する。 ・業界用語・専門用語を極力避けて、わかり易い言葉で語る。 ・素材メーカー等の商標に頼らない。 ・流行語や感覚的、情緒的すぎる言い回しは避ける。 ②検証・原案完成…その商品が最大限に生きる商品名になっているか ＊無印良品から一番伝えたいこと ＊お客様が一番知りたいこと ＊お客様が識別できること ＊市場の要請（国産など） 基本型の作成：綿ポリエステル遮光／カーテン　⇨　検証・完成：綿ポリエステル／遮光カーテン <確認するポイント> 順番、位置（1段目か2段目か）、わけとの関係 ・打ち出すポイントは適切か

一度読めば、会社の理念もわかる

無印のマニュアル③

「仕事の効率」を上げる仕組みとは?

仕事の効率も、「仕組み」によって高められます。

たとえば、無印良品の本部では、「一八時三〇分以降の残業をしない」という決めごとをつくりました。そうすると、「残業をしないために何を優先して、何を省くか」と考えはじめるようになります。それによって自然と仕事の生産性を高める行動がとれるのです。

また、

「取引先の名刺を共有する」
「商談内容を共有する」

ということもマニュアル化しています（次ページ参照）。

なぜ取引先関連の情報を共有するのでしょうか？

なぜなら、取引先の担当者を検索するムダを省くことができるからです。また、商談相手の重複といったムダをなくすこともできます。

仕組みをつくり、共有して、実践、改善していく。そうすると、ムダな作業は減り、仕事に迷いがなくなります。

余裕をもって業務に取り組めるようになるはずです。結果として仕事の効率が上がっていきます。

「細かいことまで決められていて、面倒くさいな」「仕事がルーティンだらけになりそうだ」と思われる方もいるかもしれません。

それは逆です。

マニュアルは、仕事をつまらなくするのではなく、仕事に潤いを与えてくれるのです。

MUJI

「効率を上げる」「チーム力を上げる」には？

例――「情報を共有する」仕組み

店舗開発部　業務基準書

業務	名刺管理						
大項目	実施頻度				実施者		
管理	日次		年間				
中項目	週次		随時	○			
管理	月次						
小項目	四半期				前改定	担当	改定日
名刺管理	半期				2010.7.7	[illegible]	2011.8.2

業務概要（目的、基本的な考え方、ポイント）

（何）取引先等の名刺を管理します。

（なぜ）取引先担当者の情報（社名・部署・役職・連絡先・商談日時等）検索の効率化と情報共有の為

（いつ）随時

（誰が）課長

「名刺の情報」を共有する

商談日を西暦で記入。

商談先を記入します。株式会社・有限会社の冠をつけます。

商談時間を分単位で記入します。店舗開発部では、商談時間を40分に目標設定しています。

出席者にチェックをします。
○記入者
●同席者

商談内容で返答をする必要があるか返答待ちかをチェックします。

対象物件名と所在地を記入します。

A	B	C	D	E	F	G	H	I	J	K	L	M	N	O	P	Q	R
		日時	商談先				担当者										
		日付	会社	担当者	時間(分)	場所	徳	有	高	宮	沼	畳	野	その他	要返答	返答待	物件
834	834	2012/2/17/(金)	株式会社[illegible]	鈴木《スズキ》	40	本部		●			●		○			○	[illegible]
835	835	2012/2/21/(火)	株式会社[illegible]	久保田《クボタ》、小山《コヤマ》、浅井《アサイ》	60	本部	●		●		○						各店
836	836	2012/2/21/(火)	株式会社[illegible]	河原田《カワハラダ》	40	本部			●	○							[illegible]
837	837	2012/2/22/(水)	[illegible]株式会社	小林《コバヤシ》、北島《キタジマ》	60	本部			●		○						[illegible]
838	838	2012/2/22/(水)	株式会社[illegible]	遠藤《エンドウ》、代田《シロタ》	40	本部			●	○							[illegible]

「商談の内容」を共有する

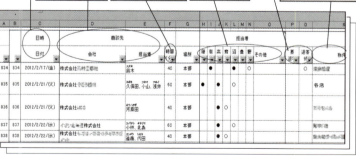

無印のマニュアル④

「勝ち続ける」仕組みのつくり方

無印良品のように全国にチェーン展開するような業種では、「どこに店を出すか」もポイントになります。そこで「出店の可否判断」の方法も業務基準書で決めています。

候補地に関する情報の集め方から、現地調査の仕方、出店した場合の売上げ予測の立て方など、出店に関する評価業務をマニュアル化しています（集めたデータを基に点数をつけてS→A→B→C→D……と評価。C以上の評価の候補地について検討します）。

一連の流れを仕組み化することで、開発担当者の印象や勘で判断するのを防ぎ、誰でも等しく評価できるようになるのです。

海外に出店する場合も、海外用の出店基準に沿って評価をしてから、出店するか否かを決めています。

常に更新しよう

具体的なマニュアルをいくつか紹介しました。しかし、繰り返しますが、つくってからが本当の勝負です。ビジネスでは常に問題点や改善点が発見されるので、マニュアルをどんどん更新していきます。それによって仕事の進め方はどんどんブラッシュアップされ、マニュアルが「勝ち続ける仕組み」に近づいていくのです。

仕事が停滞せず、常に〝動いている〟状況こそが「血が通う」ということです。血管が詰まれば、組織も人も動脈硬化を起こします。常に成長を続けないと、あっという間に衰退するのが企業という生き物です。

「印象論」や「勘」は排除する

例――「出店候補地を評価する」マニュアル

【評価項目】

マーケット評価	マーケット
	面積
	小売販売額
	人口
	20〜40代シェア
	1人当りの販売額
	昼夜間人口比率
	人口密度
	所得格差
商業施設評価	駅に対する立地
	乗降客
	駐車場台数
	テナント数
	売上
	売場面積
	坪効率

店舗評価	売場面積
	ムジネットメンバー
	配送
	お客様室
	既存店影響
合計	

採点する

点数	レンジ
93	S
89	A
84	B
62	C
48	D
33	E
未満	F

約20の項目をもとに、点数をつけ、出店地の候補を絞る。
誰もが等しく評価できる「定量的な項目」を設定

15 時間をかけてマニュアルをつくれば、「変革」は必ずできる!

ここまで無印良品のエンジンになっているマニュアルの秘密を紹介してきましたが、最後にひとつだけ注意点を書いておきます。

それは、一カ月や二カ月の短期間で急ごしらえでつくっただけのマニュアルでは役に立たないということです。

また、他社のマニュアルを参考にすれば簡単にマニュアルがつくれるわけでもありません。当たり前の話ですが、会社が違えば、社員も商品も何もかもが異なるからです。

マニュアルは、単に業務を標準化した手順書であるだけではなく、社風やそれぞれのチームの理念と結びついています。

あえて「遠い道」を選ぶ

そのため、たとえ時間はかかるにしても、マニュアルは自分たちの手でつくりあげていくしかありません。

MUJIGRAMにしても、軌道に乗るまでは五年ほどかかりました。

遠い道にこそ、真理があります。

これは私の信念のひとつですが、迷ったときは大変な道を選ぶと、結果的に正しい道を歩めます。

マニュアルづくりは手軽にできることではありませんが、それができれば必ずチームの変革は実現できます。それを信じた人にだけ、成果はもたらされるのです。

2章

売上げと
モチベーションを
「V字回復」させる

——苦境を抜け出すための仕組みとは？

MUJI

マニュアルで「モチベーション」を上げよう

Before

膨大な企画書を書いても、なかなか実現できない

チームの課題の解決方法が浮かばない

良いアイデアが部下から上がってこない

After

計画に時間をかけない仕組みで、「実行力」を強化できる！

問題の「本質」に目を向け、解決を仕組み化する意識が生まれる！

９割の「標準」があるからこそ、１割の「創造性」が発揮できる！

2章のRECIPE《レシピ》
——ここが「仕組み」のポイント

この章でわかる「大切なこと」は……

1 仕組みをきちんとつくると、それが
会社のいい風土につながる

2 マニュアルはあくまで、個人と会社の
実行力を高めるためのもの！

3 自分のチームの問題点は原因を探り、
仕組みに置き換えて解決しよう

問題解決も、アイデア出しも、
マニュアルを更新する
ことを通して実現できます

16

赤字三八億円からの「V字回復」はこうして実現させた

三八億円の赤字！　二〇〇一年の八月中間期、無印良品に衝撃がはしりました。

無印良品というブランドが生まれて二〇年。それまでは「無印神話」とまで呼ばれる右肩上がりの成長を続けていたのに、一転して三八億円の赤字です。

世間では「無印良品の時代は終わった」と囁かれるようになったばかりか、社内でも「この会社はもうダメではないか」という諦めムードが蔓延《まんえん》しました。私はそんな時期に社長に就いたのです。

赤字を出した企業がまず手がけるのは、賃金カットや早期退職による人件費削減、不採算部門からの撤退、資産売却などになることが多いものですが、私はそういうことを行っても根本的な解決にはならないと思いました。

そこで徹底的に原因を探っていったなかで、

「無印良品ならではの革新的な部分がお客様のニーズに遅れるようになってきた」

ということが、理由のひとつではないかと思い当たりました。

「過去最高益」をあげるには

母体だった西友がセゾングループの一員だったことにも原因はあります。

その体質として、社員が上司や先輩の背中を見て育つ〝経験至上主義〟がはびこっていたのです。

そのため、仕事のスキルやノウハウを蓄積する仕組みがなかったので、担当者がいなくなったら、また一からスキルを構築し直さなければならなくなっていました。それでは、めまぐるしく変化するビジネス環境にはついていけません。

そこで私が考えた解決策が、「仕組みづくり」だったのです。

仕組みづくりとは、会社の風土、社員がつくっている社風を変える試みでもあります。セゾン色に染まった風土を、無印良品色に、新しく染め直す。それが谷底から這い上がるための方法なのだと固く信じていました。

不採算店の閉鎖・縮小や海外事業のリストラなどの大手術も必要でしたが、同時に社内の業務の見直しも始め、**マニュアルの作成と徹底した見える化**を進めました。

その結果、二〇〇二年度には増益に転じ、二〇〇五年度には過去最高益をあげられたのです。

POINT！

仕組みをつくれば、どんな時代にも勝てる組織の風土をつくれる

①仕組みが必要なのは、無印良品のような店舗に限らず、どんな企業でも同じ

↓

②社員のモチベーションを上げて能力を引き出せば組織は強くなる

↓

③劇的な改革より、マニュアルによる地道な仕事の習慣化が重要！

17

戦略一流よりも「実行力一流」を目指そう

戦略一流の企業と、実行力一流の企業。

この二つの企業が闘ったとすれば、勝つのは間違いなく後者です。

無印良品を生み出したのはセゾングループです。世の中がブランド志向に走っている時代に、アンチテーゼとしてノーブランドの自社商品を開発しようという発想で生まれました。当時のキャッチフレーズは「わけあって、安い」。デザインはシンプルにして素材を見直し、生産工程でのムダを省き、包装を簡素化するという方針は時代にマッチし、お客様から愛されてきました。

セゾングループはそういった発想力や事業構想力には優れていました。しかし、その発想を実現する実行力が欠けていたのです。

「計画」にかける力は五パーセントに

私は良品計画に移る前、西友の社員でした。その時期には企画を通すのに四苦八苦していて、組織が巨大化するほど、トップと現場の距離は広がっていくのを痛感させられていました。それでは実行力がなく、頭でっかちで足腰の弱い組織になってしまいます。

私が仕組みづくりを重視したのは、無印良品を実行力で一流にするためでもあります。

当時のスローガンは「実行九五パーセント、計画五パーセント」「セゾンの常識は当社の非常識」というものだったのです。

無印良品が掲げたスローガン

実行95%、計画5%

ありがちなパターン

社員同士で激しく議論

今日は仕事したぞ
……という充実感

POINT　実際は仕事をした気になっているだけ

効率　★☆☆☆☆ ➡ 実行5%、計画95%

理想パターン

方向はトップが決める

社員は
全エネルギーで
実行

POINT　方向性に合わせて「実行力」を発揮！

効率　★★★★★ ➡ **実行95%、**計画5%

重要！ **実行力のあるチームをつくるには……**

ムダな作業を徹底的になくして、
現場の社員が能動的に動けるような仕組みづくりが不可欠！

18

経験主義だけでは会社は滅びる

私が良品計画の無印良品事業部長に就任した頃の話です。

千葉県の柏《かしわ》髙島屋《たかしまや》ステーションモールに新規出店することが決まり、開店の前日に現場を訪れました。開店前日はいつもそうですが、店長もスタッフもみな高揚感があり、忙しそうに駆け回っています。

夕方の六時頃、ようやくひと息ついていると、他店の店長が応援に駆けつけ、売り場をひと目見るなり、「これじゃあダメだよ、無印らしさが出てない」と、いきなり商品の並べ替えを始めました。その意見に従った並べ替えが終わった頃、別の店長がやってくると、「ここはこうしたほうがいい」と、再び直しはじめました。当時は、店長の数だけ、店づくりのパターンがあったのです。

「個人」に仕事がついてしまうと……

その後、無印良品の母体であった西友の業績が悪くなったとき、希望退職を募ると、優秀な社員から抜けていきましたが、そのなかには多くの店長も含まれていました。店長がいなくなると、その店で築き上げていたノウハウはすべてなくなります。売り場づくりのノウハウは店長の頭の中だけにあったので、スタッフには何も残されなかったのです。

このため、**個人のセンスや経験に頼らなくてもいい合理的な仕組みをつくる必要がある**と痛感させられ、改革に乗り出しました。

合理的な仕組みがあれば利益は上昇させられる

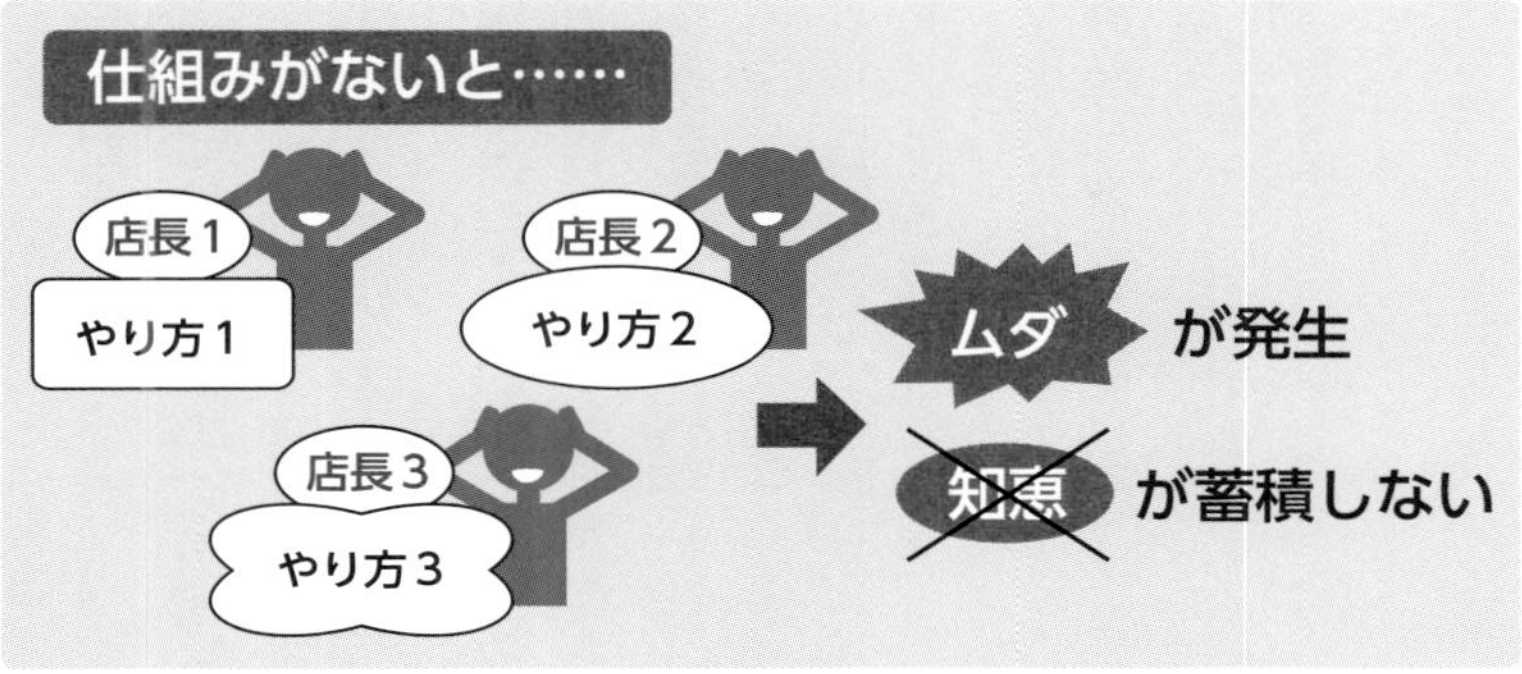

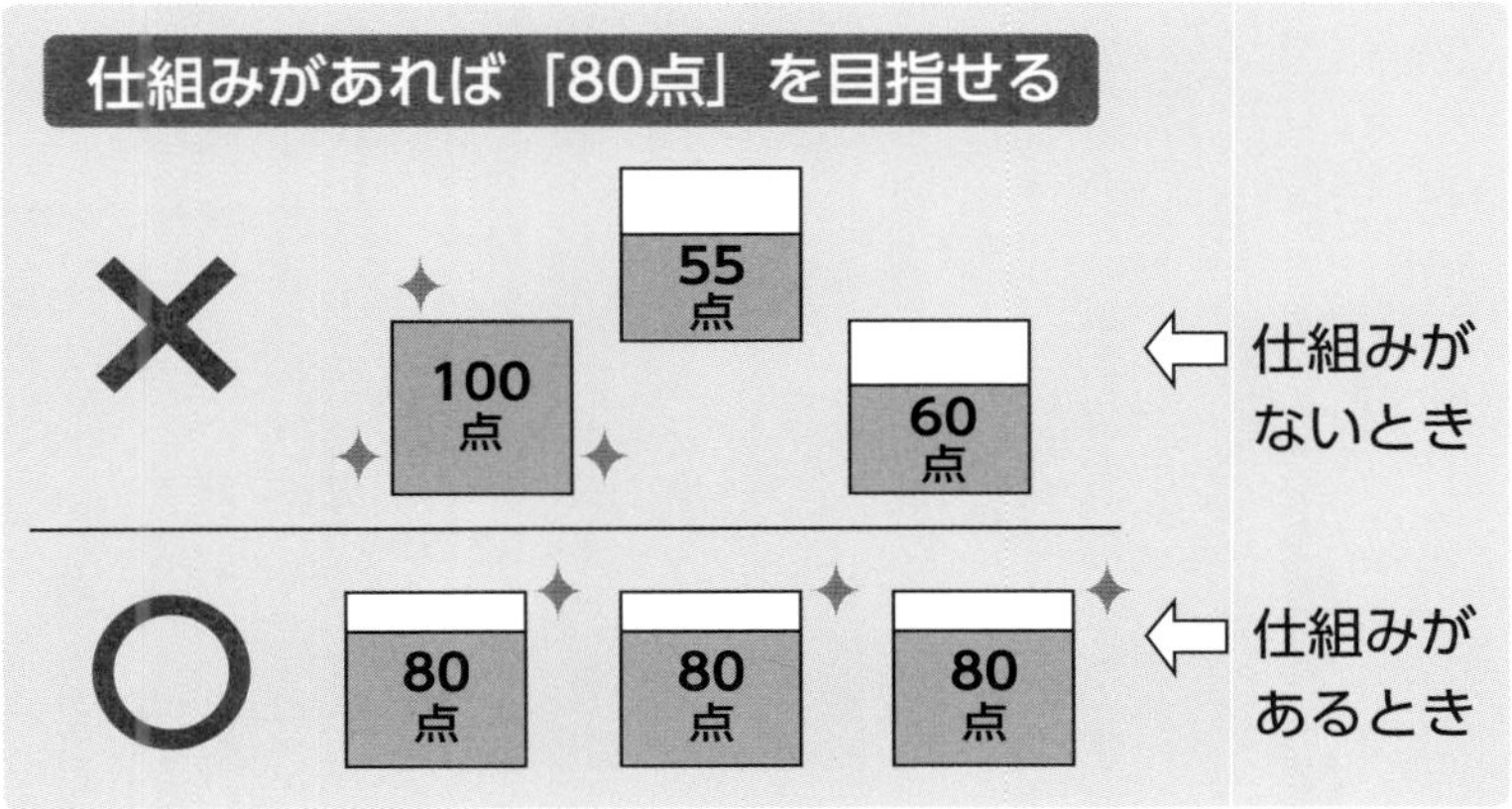

無印良品では……

店長個人のセンスに頼った店づくりでは、100店舗のうち2～3店舗は100点満点になっても、半数以上の店舗は標準以下になってしまいます。それに対して「合理的な仕組み」に合わせた店づくりをしていれば、100点満点の店はなかったとしても、すべての店を及第点の80～90点にできます。

19 問題を「新たな仕組み」に置き換える

無印良品にあった問題は、業種を問わず、他の会社で見られる問題とも共通している部分が多いかもしれません。そこでここからは無印良品がどんな改革を行ってきたかをなぞり、仕組みの重要性に触れながら、会社のV字回復の方法を模索したいと思います。

無印良品が〝危機的な状況〟に直面したときには、まず「会社の業績が悪化した原因はどこにあるのか」をさまざまな角度から分析してみました。それによって六つの「内部要因」が挙げられたのです。

①社内に蔓延する慢心やおごり
②急速に進む大企業病
③焦りからくる短期的な対策
④ブランドの弱体化
⑤戦略の間違い
⑥仕組みと風土をつくらないままの社長交代

これに加え、ユニクロやダイソーなどの競合他社が台頭したという「外部要因」もありました。

しかし、外部要因ばかりを考えていては、問題の本質を見極めることはできません。「内部」に潜む問題の本質がわからなければ、適切な手を打てないからです。

問題の「構造」を見極めよう

何度も店に足を運び、社内の意見も聞きました。**自分の目で見て、耳で聞いて、問題点を見つける。それが問題解決の第一歩**です。

とはいえ、こうした分析までは、どこの企業でもできることです。

問題は、それを解決する実行力です。

問題点が特定できたなら、構造を探ります。必ずどこかに問題を生む構造があるからです。

「景気が悪くなったから」

「社員のやる気が足りないから」

といった漠然とした理由によって問題が起きるのではありません。問題点だけを見つけて構造を探るのをやめてしまうのでは、思考を停止しているのと同じです。

問題のありかを構造的に探り出し、それを新たな仕組みに置き換える。

そうすることによって組織の体質は変わり、実行力のある組織になるのです。

POINT！

会社を「V字回復」させるための問題解決の方法は？

①問題点を特定する

その際には「外部要因」を言い訳にせず、
「内部要因」をとことん探ること

②問題の構造を探る

問題があれば必ず理由があるはず

③新たな仕組みに置き換える

問題の根本的解決によって、組織の体質は変わる

20

おごりを持つ社員の意識が自動的に変わる方法

無印良品が初の減益に転じた大きな原因は、

「大型店の相次ぐ出店で投資コストが想定以上にかかったこと」

「店舗の大型化に伴って商品数を増やしすぎたこと」

にありました。四年半で商品数が二倍になるほどの勢いで開発したため、一つひとつの商品の力が落ち、ヒット商品が生まれなくなっていたのです。取引先が危機感を抱いて「ニトリさんではこういう商品が売れているから、無印さんでもつくったらどうですか？」と提案してくれることもあったほどです。

しかし「無印は今のままでも売れている」と言って一蹴していたのですから、おごりや慢心が蔓延していたといえます。大企業や業績の良い企業でよく見られる光景です。

研修だけでは「意識」は変えられない

家電メーカーの社員などにしても「経営は厳しくても倒産はしない」と高を括っている人が多いと聞きます。

では、社員、あるいは部下の意識をどう変えればいいのか？

外部からコンサルタントを招いて社員研修を受けさせるといった方法もよく取られますが、私の経験からいえばまったく成果はありませんでした。必要なのはやはりビジネスモデルを見直して仕組みをつくっていくことです。

仕組みに納得し、実行するうちに、人の意識は自動的に変わっていくものです。

業績が悪化しているときにはどうするべきか……？

その1

社員の意識を変えようとして社員研修などを繰り返す

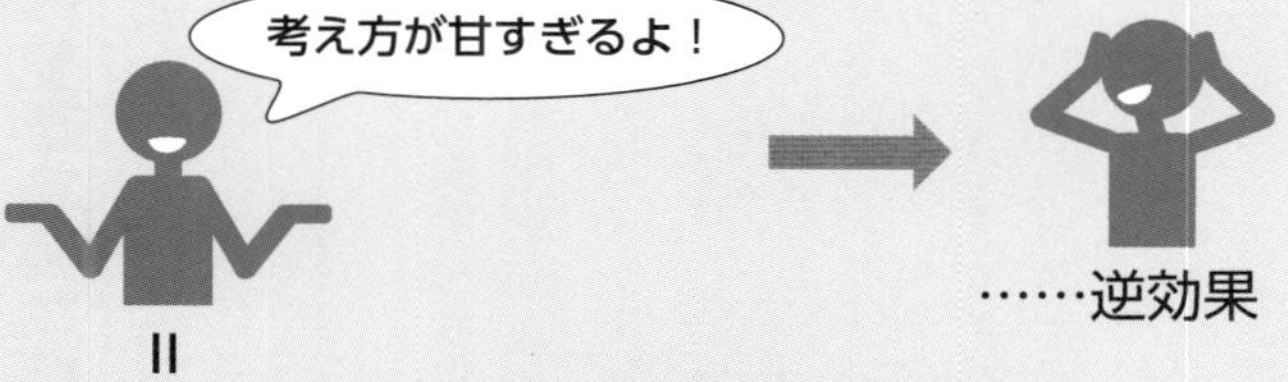

業績が悪化しているのはビジネスモデルの問題なので
社員の意識だけ変えても根本的な解決にはならない ✕

その2

ビジネスモデルを見直して仕組みをつくっていく

仕組みに納得して実行していれば意識は自然と変わる。
順番を間違えず、まずはここから考えていくことが重要！ ○

EPISODE

私が西友で人事を担当していたとき、業績が悪化して、幹部の意識改革をしようと2泊3日の研修をしたことがありました。参加者をグループ分けして一人ひとりの長所や短所を指摘する「360度評価」を行う研修でしたが、怒り出す人もいました。このショック療法でも意識改革は進まず、そのときの西友は持ち直せなかったのです。

21

「売れ筋捜査」や「一品入魂」のアイデアはなぜ生まれたのか

大企業病に陥ると、現場とリーダーの意識は乖離《かいり》していきます。それを埋めるためにはリーダーが現場に出向いてスタッフの声を聞くしかありません。

私が社長に就任してまず行ったのも、全国一〇七の直営店を一軒ずつ回ることでした。単に視察して回るだけでは表面的なことしかわからないので、店長やスタッフと腹を割って話すためにお酒の席も設けました。それによって本社にいるだけでは気づけなかった現場の問題点がいろいろと見えてきました。過剰在庫の問題なども店を回ってわかった点です。

そこで「自動発注システム」を導入し（次ページ参照）、スタッフからの「売れ筋捜査」「一品入魂」といったアイデアを採用しました。

現場スタッフの知恵の結晶

売れ筋捜査とは、売れ筋ベスト一〇の商品を常に店で把握しておき、その商品は目立つ場所に陳列する仕組みのこと。

一品入魂とは、店のスタッフ一人ひとりが売りたい商品をひとつずつ決めて、お試し価格として二割ほど安くして売る手法です。

こうした仕組みにしても、**現場のスタッフの声と知恵から生まれた**ものです。

本社は意気消沈していても、「お店の現場は元気だったこと」、店長やスタッフにはもともと無印ファンだった人が多いので「店を愛する思いが強かったこと」――この二点は経営を立て直すにあたり大きな救いになりました。

無印良品の自動発注システム

「売上げ実績、市場の動き、季節などの情報から単品の売上げを予測して1週間分の仕入れを発注するシステム」（2001年に導入）

それまでの現場

店を閉めたあとにも担当者が「ああでもないこうでもない」と商品の仕入れを思案。

＝

終電に飛び乗って帰る毎日で在庫の山は築かれる一方

ギャンブルになってもやるしかない…

自動発注システム導入後の現場

発注業務にかける時間が大幅に短縮

＝

担当者の負担や残業が減る

それなのに……

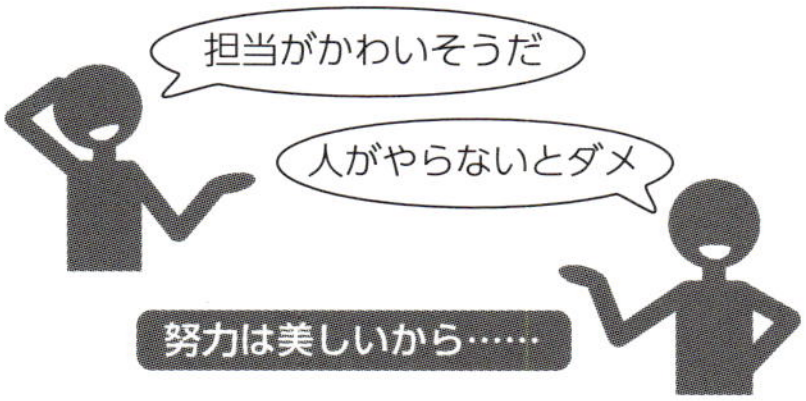
担当がかわいそうだ
人がやらないとダメ
努力は美しいから……

それでも結果は…

- 新システムが徐々に現場に浸透して仕組みとして根付く
- 在庫修正作業が50%から10%に減少して生産性が向上
- 個人に頼っていた部分を仕組みとして共有してデータとして蓄積

努力する姿より大切なのは、努力の方法

生産性の向上に結びつかない努力を続けていても、本人はむくわれない

22 人は二度失敗して学ぶ――改革には「大ナタ」も必要！

二〇〇一年三月、私は新潟県の小千谷《おぢや》市にある焼却処理場にいて、目の前には段ボールが山積みになっていました。

その段ボールの中にあるのは、長岡《ながおか》にある物流センターの衣料品の在庫です。無印良品の社員にとっては〝わが子〟のようなものです。それを大きなクレーンがわし摑《づか》みにして、次々に炎に投げ込んでいきました。

社長に就任して間もない頃、私はこのような大ナタをふるっていたのです。

全国の店舗を歩いて回っていたとき、前年などの売れ残りをなんとか売ろうとするPOP《ポップ》が林立しているのを見つけました。

売れ残りの商品は、帳簿で三八億円にもなります。値下げしてでも売り切りたいところでしょうが、私は不良在庫を商品開発担当者の前で焼却しました。在庫対応の時間的な期限も切迫していましたし、それがショック療法となれば、「過剰な在庫」の問題もなくなるだろうと思ったからです。

ところが半年後……、**また在庫がたまりました。**

「勇気」が必要なこともある

〝人は一度の失敗からは学ばない、二度失敗してようやく学ぶものだ〟ということをこの経験から学びました。

しかし、そこであきらめず、原因が何かを徹底的に探りました。

それによってMD（マーチャンダイザー＝仕

入担当者）たちがそれぞれ、商品の販売情報を〝独自に作成した帳票〟で管理していることが問題として大きいということに気がついたのです。

各MDが、自分のエクセルデータで情報を抱えている形になってしまっていたため、情報の「見える化」ができていなかったのです。

そこで販売情報を本社で管理するフォーマットをつくり、それを使うように指示を出しました。

そのときにもMDからの抵抗はありました。しかし、私は社長直轄のチームをつくり、MDから古い帳票を没収して強制的に本社のやり方に従わせたのです。

改革を行う際には、断固としてやり遂げる勇気もリーダーには求められるのです。

もうひとつのPOINT

無印良品では、販売情報に関する改革を行った際には商品開発の仕組みも整備

↓

・新商品投入３週間後に販売動向を確認
・計画の30％売れていれば増産
・30％売れていなければ、デザインを変更するなどして素材を使いきる

↓

このコンピュータ管理によって、2000年度末に55億円あった衣服・雑貨の在庫は2003年には17億円にまで削減！

23

「お客様の声」からヒット商品をつくる

「クレームは宝」ともいわれますが、お客様の声を活用する具体的なシステムを整えている会社は少ないのではないでしょうか。

「お客様の声を集める」仕組みは大事です。無印良品にも、電話やメールなどでお客様からの要望が毎日のように寄せられます。

「商品がほつれている」「前に買ったものよりゴムがゆるい」といったご指摘もありますし、「キャスター部分の交換はできるのか」という問い合わせもあります。

こうしたご意見は、「声ナビ」というソフトに入力し、毎週一回、関係者でチェックして商品に反映するかどうかを決めています。

お客様とのコミュニケーション

「くらしの良品研究所」というサイトも立ち上げ、お客様とコミュニケーションを取りながら商品開発をしていく仕組みも整えました。

このサイトには「蒸れない帽子はつくれませんか」「このサイズの机をつくってほしい」など、さまざまなリクエストがあります。それを週一回、関係者で吟味し、商品化するかを決めています。

くらしの良品研究所では、自分の声がどう商品に反映されているのかがわかるので、お客様も積極的に参加してくれるようです。

こうした仕組みがあることも無印良品の商品力を強化することに役立っています。

MUJI

お客様のクレームを「宝」にするためには

×

お客様の声が生かせない

↓

「次」につながらない

↓

お客様が離れていってしまう

○

お客様の声を集める仕組みをつくる

↓

「商品開発」につながる

↓

お客様が積極的に
商品開発に参加

EPISODE

　お客様の声から生まれた商品の代表例といえるのが「体にフィットするソファ」です。年間10万個も売れる大ヒット商品で、気持ち良すぎて“人をダメにするソファ”と呼ばれて話題になりました。この商品も、「部屋が狭くてソファが置けないなら、大きなクッションにソファの機能を付けたらどうだろう」というお客様のリクエストから生まれたものだったのです。

24

「見せかけの突破口」には注意！

どこの企業においても、業績が低迷すれば商品やサービスを見直します。

それまでにない商品を開発して心機一転を図ったり、流行を取り入れてみたり、思いつく限りのことを試してみますが、大抵は不発で終わります。貧すれば鈍するの典型で、目先の利益に飛びついてしまうからです。

無印良品も業績が悪化した頃は混迷を極めました。

お客様の要望もあって、赤やオレンジなど華やかな色合いの衣料品を販売していた時期もありましたが、それによって無印らしさが失われてしまったといえます。

「自然界にある色と天然素材を使い、シンプルなものをつくる」というブランドの根幹に当たる部分を変えてはいけなかったのです。

「寿司屋で居酒屋メニューを出す」愚

業績が悪化したときに戦略や戦術の見直しを図るのは必要ですが、ぶれてはいけない軸がぶれてしまうと、お客様は離れていきます。日本の多くのメーカーが低迷している理由も、そこにあるのではないでしょうか。

寿司屋さんがお客様の要望を聞いてツマミのメニューを増やした結果、居酒屋と大差なくなり、売上げが落ちるケースもあります。

お客様の要望を聞き入れるのは大切ですが、コンセプトを確認したうえで、それを進化させる経営戦略を立てるべきなのです。

業績が低迷したとき、どの道を選ぶか？

近道に見えるのは……

それまでにない商品の開発

一時的ヒットで小回復

でも…
流行は一過性のもので
結果的にはお客様が離れてしまう

遠回り……？

自社のコンセプトを再確認

一朝一夕には回復できない

だけど…
時間とともにコンセプトは進化。
お客様の信頼を得られる

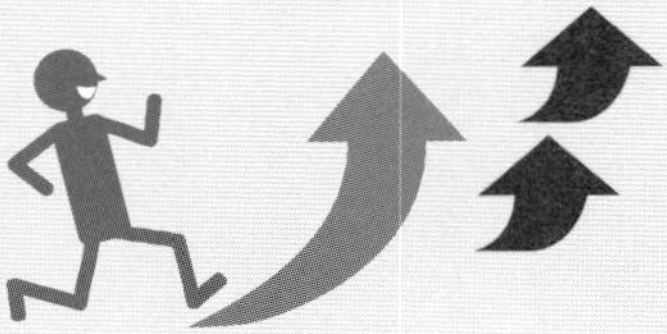

つまり…

遠回りのようでも「軸」をぶれさせないことが大切！

25

優秀な人材は集めるのではなく育てる

どこの企業もどこの部署でも、優秀な社員はノドから手が出るほど欲しいものです。

無印良品の衣服雑貨が不振になったとき、責任を取らされるかたちで何人かの社員が辞めていき、人材を補うために、求人広告で経験者を募ったことがあります。すると、有名ブランドで開発を担当していたような立派な肩書の人が集まりました。

しかし結果としては、前項で記したように無印良品のコンセプトからは逸脱した商品が生まれるなど、混乱が生じた部分も少なくなかったのです。

こうした経験から学んだのは「優秀な人材は簡単に集まってくるものではない」という事実です。**優秀な人を採用するためにコストをかけるのではなく、優秀な人材を育てるべく社内に人材育成の仕組みをつくるほうが、組織の骨格を丈夫にします。**

「人事の仕組み」も大事

無印良品では、「人材委員会」「人材育成委員会」という二つの機関をつくっています。簡単にいえば、人材委員会は異動や配置を検討し、人材育成委員会は研修などを計画します。このような仕組みをつくったのは、人材は適材適所で育つからです。

人には得手不得手があるのですから、すぐれたパフォーマンスを引き出せる部署に配置するのも、リーダーの役割です。

MUJI

First STEP

優秀な人材をスタッフにするためには……？

選択1
外部から集める

ヘッドハンティングされるような人材を確保する。

ただし……。

本当に優秀な人材は、
会社がなかなか手放さないし、簡単には集められない。

そこに頼っているのは…… ×

選択2
社内で育てる

社内で優秀な人材を育成するための仕組みをつくる。

時間はかかっても……。

会社の風土をよく理解した人材が戦力になり、組織の骨格は丈夫になる。

その方向性で考えるのは…… ○

Second STEP

優秀な人材を育てるには……？

選択A
有無を言わさぬスパルタ教育

いたずらに消耗させるだけで… ×

選択B
適材適所をよく考える

キャリパー（診断）
＝社員の適性を判断

人材委員会
＝異動や配置を検討

人材育成委員会
＝研修などを計画

すぐれたパフォーマンスを引き出せて… ○

26 走りながら改革を続ける、改善を繰り返す

二〇〇一年は出血を止めて構造改革をスタートする。二〇〇二年は社風を変えて次の成長へ向けての準備をする……。

そのように年ごとにテーマを決め、あらゆる方向から無印良品の改革を進めました。改革にはスピード感が重要で、戦略が間違っていても実行力があれば軌道修正できます。

不採算店を整理したり、過剰な在庫を減らすなどのドラスティックな改革をしたこともあり、赤字に転落してから二年で業績は上向きはじめました。

しかし、そこで改革の手をゆるめては元の木《もく》阿弥《あみ》です。MUJI－GRAMをつくりはじめて業務の標準化を図り、さまざまなデータを共有化し、担当者がいなくなったときにも情報が残る仕組みをコツコツとつくりあげました。

「魔法の処方箋」はない

経営にまぐれはない、とは私が経営者になってからつくづく実感していることです。

業績が好調になるには理由があり、悪化するときには必ずどこかに問題があります。それを掘り起こして対処できるかどうかです。

実行してみて結果が出ないのであれば、また改善する繰り返しです。

安易な成功法則はなく、痛みを伴わない改革もありません。それでも、リーダーが腹を括れば、必ずV字回復を成し遂げられると私は信じています。

3章

会社を強くするための「シンプルで、簡単なこと」

——「他者」と「他社」から学ぶ！

MUJI

マニュアルを「会社の問題解決」に活かそう

Before

決裁に時間がかかりすぎて、
仕事が進まない！

社内の人間と
えんえん考えていても
知恵が浮かばない

部署同士の争いが
起きてしまい、
不毛な議論が……

After

シンプルな決裁で、
「責任の所在の明確化
＋スピードアップ」！

自社内ではなく、
他社・他者に知恵
を求める意識が生
まれる！

「情報を共有する
仕組み」で、派閥
争いは回避！

3章のRECIPE《レシピ》

——ここが「仕組み」のポイント

この章でわかる「大切なこと」は……

1 「意識を変える」のではなく、
「行動を変える」とうまくいく！

2 **風通しのいい会社**は、
情報共有の仕組みをもっている！

3 お客様から、そして他社から学び、
自社の知恵に組み込むのが大切！

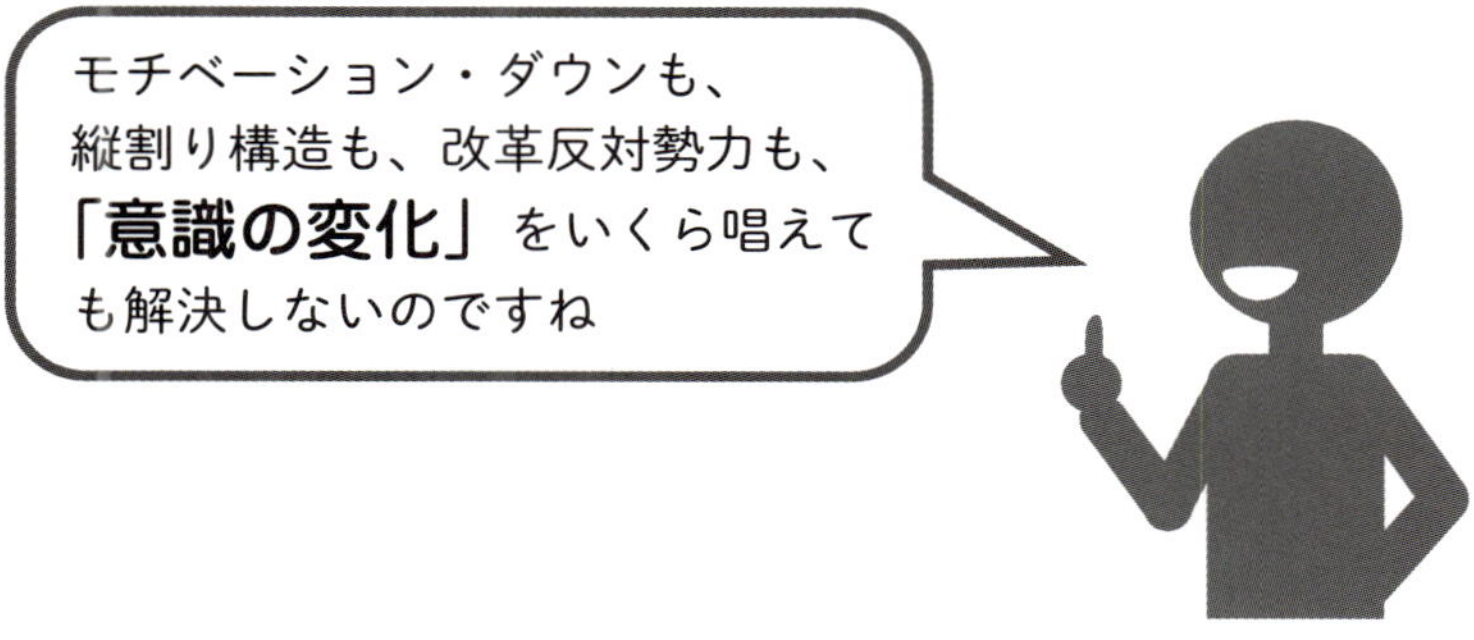
モチベーション・ダウンも、
縦割り構造も、改革反対勢力も、
「意識の変化」をいくら唱えて
も解決しないのですね

27

好調な企業、強い組織のシンプルな共通点とは？

業界の最前線を走り続ける企業は、非常にシンプルな部分で共通しています。

「挨拶をきちんとする」

「ゴミを見つけたら拾う」

「仕事の締め切りを守る」

そんな「基本のき」が浸透しています。

人としての基本が組織の風土や社風をつくり、最後の砦《とりで》になって、組織を守っていけるのです。皆さんの会社では、これらの基本は守られているでしょうか？　守られていないなら、危険信号が灯っています。

無印良品の業績が悪化した頃、「基本のき」は崩れていました。今はもちろん違い、こうした基本を社員に体得させるために、月ごとの目標として掲げることにしています。

「会社の砦」を築くために

単に目標を言い聞かせるだけではなく、内部統制・業務標準化委員会という部門をつくって、実行できているかを確認させています。これは現在進行形の取り組みであり、今後もずっと続けていくつもりです。

改革を進める際には、売上げの達成やコスト削減など、果たさなければならない課題は数多くあります。しかし、砦がしっかりできていない場所に城をつくっても、簡単に攻め落とされてしまいます。

遠回りのようであっても、砦をしっかり築いてから業績をアップさせる戦略を積み重ねていくべきです。

改革の取り組みはどこから始めるべきか…？

A社

今月の目標
①売上げ200％UP
②経費50％削減

×

チームの地盤が固められず
いざというとき、簡単に崩れる
POINT 何かの疑問があっても
社内で伝達されず解決しない

B社

今月の目標
挨拶をしっかり
としよう！

○

チームの信頼関係が強くなり
一流の企業の地盤が築ける
POINT 挨拶の徹底によって
不良品が減った会社もある！

無印良品では、店舗でも本部でも挨拶の習慣を徹底！

「仕事の基本を自己評価する」点検ボード

3月度重点テーマ「挨拶ルール・さん付けの徹底」実施点検ボード

～あいさつは、「大きな声で元気良く」 が基本です～

※部門長は部門内の実施状況を自己点検し、該当欄にマーキングして下さい。
（記入例：全員が出来ている=○、一部出来ていない=△、あまり出来ていない=×）

	項目	1日 金	4日 月	5日 火	6日 水	7日 木
①	**いつでも、誰に対しても「○○さん」と呼んでいますか？（ちゃん付け、呼び捨て厳禁です）**					
②	来館者に「いらっしゃいませ」、館内のお取引様に「お疲れ様です」と**笑顔**で挨拶していますか？					
③	出勤時、エレベーターホールで会った人に「おはようございます」 と**大きな声で元気良く**挨拶していますか？					
④	出勤時、執務スペースに入ったら「おはようございます」と**大きな声で元気良く**挨拶していますか？					
⑤	帰るときは、「お先に失礼します」と挨拶していますか？					

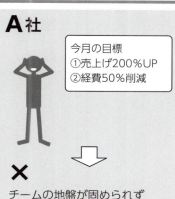

28

風通しのいい組織と悪い組織を分けるものは？

皆さんの会社ではお互いをどのように呼び合っているでしょうか？

「○△部長」「○△くん」「○△ちゃん」などと役職やキャリア、性別によって変えていくのが一般的だと思います。

無印良品では、全員を「さん付け」で呼ぶように徹底しています。

部下に対しては男性も女性も「さん」、上司に対しても「さん」です。私も含め、会長や社長も例外なく「さん」です。公の場でも、プライベートの会話でも変わりません。

上司は役職で呼び、目下の人は呼び捨てにする組織が多いでしょう。そうした組織ではコミュニケーションは一方的になりがちで、部下が気づいた問題点や課題、苦情がトップに上がっていかない弊害を生みます。

「さん付け」は、単に社内の風通しをよくするためだけでなく〝情報や意見の風通しをよくする〟ためでもあるのです。

「ニックネーム」もよくない

呼び捨てではないにしても、「ちゃん付け」やニックネームで呼び合うような組織も、不安が残ります。それでは大学のサークルのような雰囲気が生まれてしまい、馴れ合いの組織になりがちだからです。

実行力が伴うチームや部署をつくるには、お互いがお互いを敬い、信頼しあう風土づくりが大切です。

MUJI

互いの呼び方だけでも組織は変わる！

従来型の組織

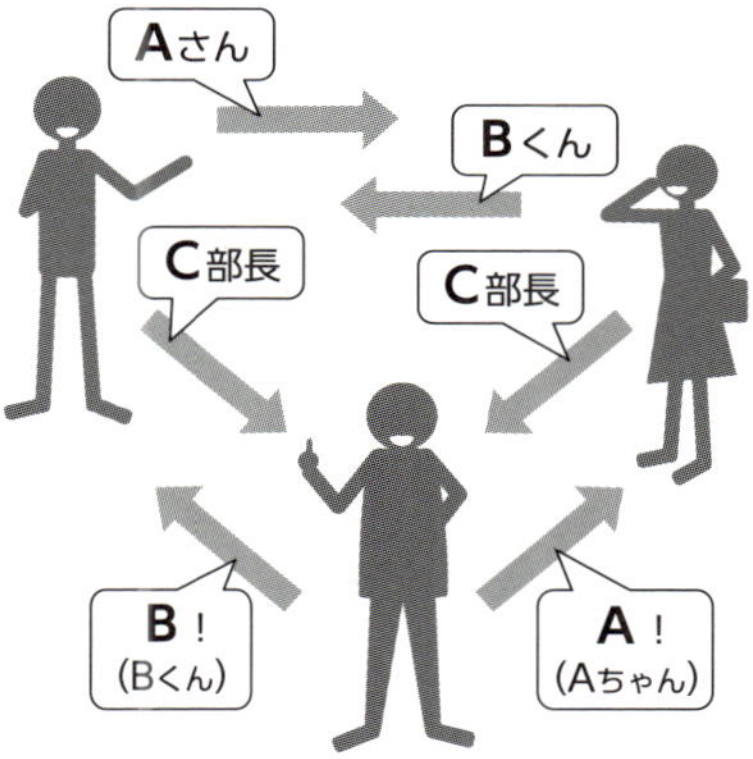

部下を呼び捨てにするのが当然の組織はヒエラルキーが強くなる

↓

統率力などである種の「強さ」は発揮

↓ しかし……

部下は**「指示待ち族」**になってしまう

無印良品

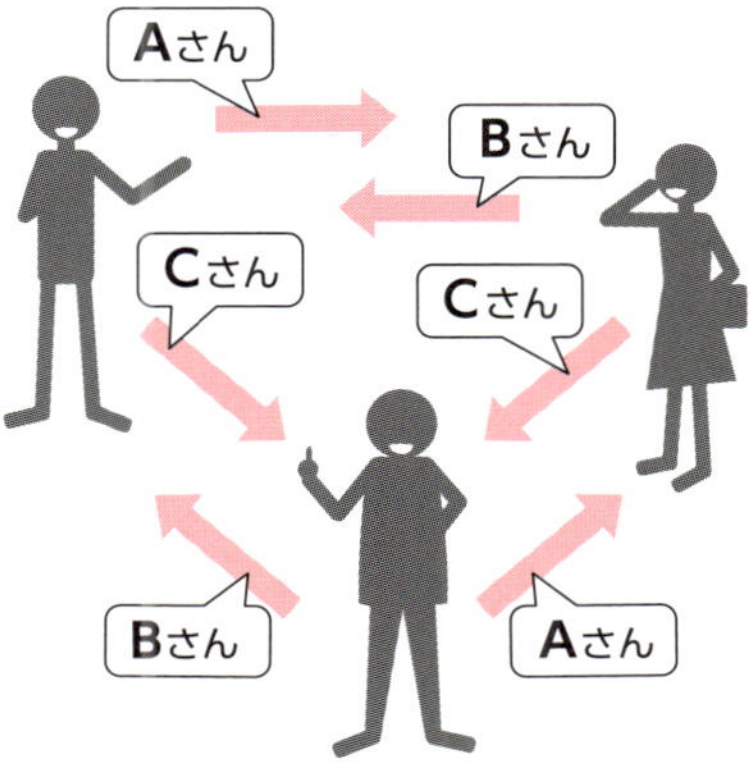

全員を「さん付け」で呼び合うように徹底！「ちゃん付け」はしない

↓

馴れ合いにはならず、風通しがいい

↓ そのため……

「情報・意見の風通し」が良くなる

29

決裁ルートを短縮すると市場の変化に対応しやすい

組織の規模が大きくなるほど、決裁のルートは長くなる傾向があります。

書類などには担当者がハンコを捺《お》したあと、課長や部長が捺し、経理部や法務部、人事部、システム部などに回覧され、最終決裁者である取締役の手元に届く頃には一〇個以上のハンコが捺されているケースも珍しくありません。

無印良品でもかつて七つから八つのハンコが必要な時代がありました。そこで、「主管部門の担当者と責任者、販売部門の責任者の印鑑の三つだけでいいではないか」と提案したのですが……社内からは反発がありました。

なぜかというと、どの部署も情報を欲しがっているからです。縄張り意識の表れともいえます。

これをそのまま放置しておけば、部門利益が優先されて〝部分最適の温床〟になってしまいます。何よりも意思決定の時間がかかりすぎれば実行力が発揮できません。

「書類のハンコは三つまで」

そこでやはり「ハンコは三つまで」と決めて実行に移しました。今ではさらに効率化が進み、イントラネットで本部と業務部門間の連絡をしているため、稟議書などを除けば、ハンコは必要なくなりました。

決裁ルートを短縮すれば、スピード感をもって物事を決められます。

責任の所在も明確になるし、市場の変化に敏感に対応できる組織になれるのです。

MUJI

提案から決裁までの流れ

従来型

担当者
↓
課　長
↓
部　長
↓
経理部、法務部、人事部、システム部
↓
責任取締役

あちこちでSTOP

改革後の無印良品

主管部門の担当者
↓
主管部門の責任者
↓
販売部門の責任者

NON STOP

現在の無印良品

本　　部
↑
イントラネット
↓
業務部門

NON STOP

スピード指数

	従来型	改革後の無印良品	現在の無印良品
スピード指数（0〜100）	低	高	100

大切なのは決定権のある人が即決定して
現場が即実行に移せる仕組みづくり！

Keyword

部分最適

組織やシステムの中で一定範囲の機能や行動を最適化すること
⇒表面的な合理化に過ぎず、全体の機能や効率は低下する場合が多い

全体最適

組織やシステム全体の機能や行動を最適化すること
⇒組織全体で業務などが管理され、全体が効率化し問題点が解消する場合が多い

30 「他社の知恵」を借りて、自社に活かす

無印良品で運用している仕組みの多くは、他社の仕組みにヒントを得ています。

なぜなら、

「同質の人間が議論をしていても、新しい知恵は出てこない」

からです。他社の知恵を学ぶことは、自社を改革する際の大変有効な方法です。

象徴的な事例を紹介しましょう。

二〇〇四年の無印良品はV字回復を遂げ、売上げも利益も絶好調でした。そうした中で恩情型・年功的な人事制度の見直しを始めました。多種多様な福利厚生制度を見直し、働いた実績に応じた直接人件費に振り替えるようにしていったのです。ところが、労働組合からは「業績が好調なのに、なぜ福利厚生を削るのか」と反対意見が出ました。この意見を聞いたとき、私はまた危険の芽が出始めたと感じました。

企業の業績や経営がおかしくなる芽は、業績が良いときにこそ出てくるものだからです。

そこで始めたのが「30％委員会」というプロジェクトでした。これは当時、売上高における販売管理費率が約三四％だったのを三〇％にまで減らすことを目的に始めたプロジェクトです。

「社内の知恵」だけでは……

「30％委員会」の委員長は私自身が務め、毎週火曜日に会議を行いました。しかし、なかなか販売管理費を減らせず、逆に増えてしまいました。役員や関係部署の人間が総出で原因を考え

続けたにもかかわらずです。

そこで私は**「外」に知恵を求めました。**

このときは下着メーカーのトリンプが「早朝会議」で話題になっていたので、見学に行ったのです。トリンプでは当時の吉越浩一郎《よしこしこういちろう》社長が会議を仕切り、社員はトップを前にプレゼンして、その案の採否がその場で決断されます。ダメ出しがあれば翌日までにアイデアを練り直してプレゼンに再挑戦です。五〇項目ぐらいの案件が一時間半の会議で次々と決定されていき、まさにスピード感あふれる会議になっていました。その会議を見て、吸収できる要素は取り入れさせてもらいましたが、効果はかなり大きいものでした。

トリンプの会議を見習ったこともあり、30%委員会では結果的に年間五四億円のコストダウンを実現できました。問題解決の知恵は、他社にあったのです。

POINT！

「どこ」にヒントを求めるかも重要！

①ヒントを探すときは大企業より「中小企業」や「トップのカラーが強い創業者型の企業」に注目

↓

②現場力を維持している中小企業の実践的なノウハウを吸収

↓

③他社のノウハウを吸収する際には、自分たちの組織に合わせて“翻訳”することも大切！

31 他社をヒントにしたいときは「見学」ではなく「交流」する

話題になっている企業の工場にバスを連ねて見学に行くような場面が見かけられます。そうした視察を重ねても学べることは少なくなりがちです。大抵の場合、「素晴らしい工場だった」と感想を述べて終わりになります。

他社から学んだノウハウを現場で実行できるようにしなければ、実りはありません。

トップ同士が交流するだけでは限界があるので、**現場の担当者同士で話ができるような関係づくりが必要**になります。たとえば共同で勉強会を開催し、その後の懇親会でざっくばらんに話せる状況を構築することなどで、知恵の吸収力は上がります。

私は「当社の常識は他社の非常識」と、事あるごとに社員に伝え、普段、自分たちが当然のように行っていることに疑問を持つようにと促しています。

外へ目を向けないと、自分たちのポジションを正しく把握できず、必要な改革ポイントに気付かないからです。

「部下を外に出させる」という方法

自分のチームや部署を成長させたいと努力してはいるものの、思うように成長しない部下に頭を悩ませるリーダーも多いと思います。

そういうときは自分の器以上に組織はよくならないと割り切り、チームのメンバーが異文化に触れられる環境を積極的につくりあげることも責務になるはずです。

MUJI

部下にこそ異文化を経験させる

どうして部下が
伸びないのか……

そんなとき、カワイイ子には旅をさせる
のもひとつの手段

リーダーにも限界はある！
外にも目を向けさせないと
ひとつの組織の中にいるだ
けでは限界にぶつかる

経営の神様、ピーター・ドラッカーの言葉

**人間社会において唯一確実なことは
変化である。自らを変革できない組織は、
明日の変化に生き残ることはできない**

変化こそが成長の源泉！
組織やチームに内向き志向が定着してしまうと、
「死に至る病」になってしまいかねない

32 改革の「反対勢力」はあえて改革の中心メンバーに

人間は、本能的に変化に対して警戒心を抱きます。それが自分にとってポジティブな変化であろうと、ネガティブな変化であろうと変わりません。そのため、改革やイノベーションに、周囲からの抵抗はつきものです。

多くのリーダーは、チームや組織にいる反対勢力に対して何度も説得を繰り返したり、必死に妥協点を探ったり、立場や権限で反論を押さえ込んだりしているのではないでしょうか。私は反対勢力に対し、そのような対応はしません。**〝ゆでガエル〟状態にして染め上げていく方法**を取っています。

たとえば、MUJIGRAMをつくるときも反対勢力は少なからずいました。そこで私はあえて彼らをMUJIGRAM作成の委員に任命しました。責任者として、積極的に作成に関わらざるを得ない状態にしたのです。

「自分の知恵」を出すのは楽しい

責任者になった人は、最初は〝仕方なく〟という気持ちもあったのでしょうが、やはり自分のこだわりのある分野についての仕組みをつくるとなれば、知恵を出すようになっていきます。そうして個人のノウハウが、全社で共有する知恵になっていったのです。こうなれば、もはや彼らは反対勢力ではありません。

自分たちがつくり上げたMUJIGRAMを積極的に活用すべく、現場にも伝えるようになったのです。

社内の「反対勢力」はどう扱うべきか

選択A

改革からは遠ざけて外野に置いておく

反対派の抵抗は続き、妥協点を探りながらの改革はうまくいかず、反対派も悩みを大きくするだけ！

選択B

有無を言わさず改革チームのメンバーにする

嫌でも改革に参加せざるを得なくなるので、反対派も次第に積極的に！改革もうまくいき、本人も納得!!

Keyword

ゆでガエル方式

カエルをいきなり熱湯に入れれば熱さのあまり飛び出しますが、水に入れて徐々に温度を上げていけば、温度変化に気づかないまま死んでしまいます。

ビジネスの世界でも、ぬるま湯のような組織にいれば、業績や環境の変化に気づきにくく、いつの間にか取り返しがつかなくなってしまう。

ただし、この現象は、反対勢力を染め上げる方法としては有効！

33

抜本的な改革を行える組織のつくり方

私が良品計画の社長に就任する以前、衣料品部門の部長が三年間で五人も代わっていました。部署の成績が伸びないなど、問題があったときにはリーダーが全責任を負うのは一見、筋が通っているようにも思えます。

しかし、そうしたやり方を続けていると、新たにリーダーになった人はクビを切られるのを恐れて無難な判断をしがちです。そうなると抜本的な改革ができなくなります。

そこで、私が社長になってからは**主要幹部は三年間固定する**ことにしました。それによって腰を据えて問題点を改善できるようになったのです。

「当事者意識」を持つには

また、この当時にはモノをつくる機能を強化しようとして、商品開発部と生産管理部、在庫管理部という三つの部をつくり、それぞれに部長を置きました。互いに連携させるのが狙いでしたが、思惑は外れて競い合うようになってしまいました。それぞれの部門がそれぞれの利益しか考えないようになっていたのです。そこで商品開発部のMD（マーチャンダイザー）をヘッドにして在庫管理と生産管理の担当者をその下に置く構造に変えると、スムーズに進められるようになりました。

縦割りの構造を改革し、横の連携が生まれると、それぞれの担当者に問題意識が芽生えて当事者意識を持てるようになるのです。

MUJI

組織の「縦割り構造」と「横割り構造」

部や課が縦割り構造になっていると……

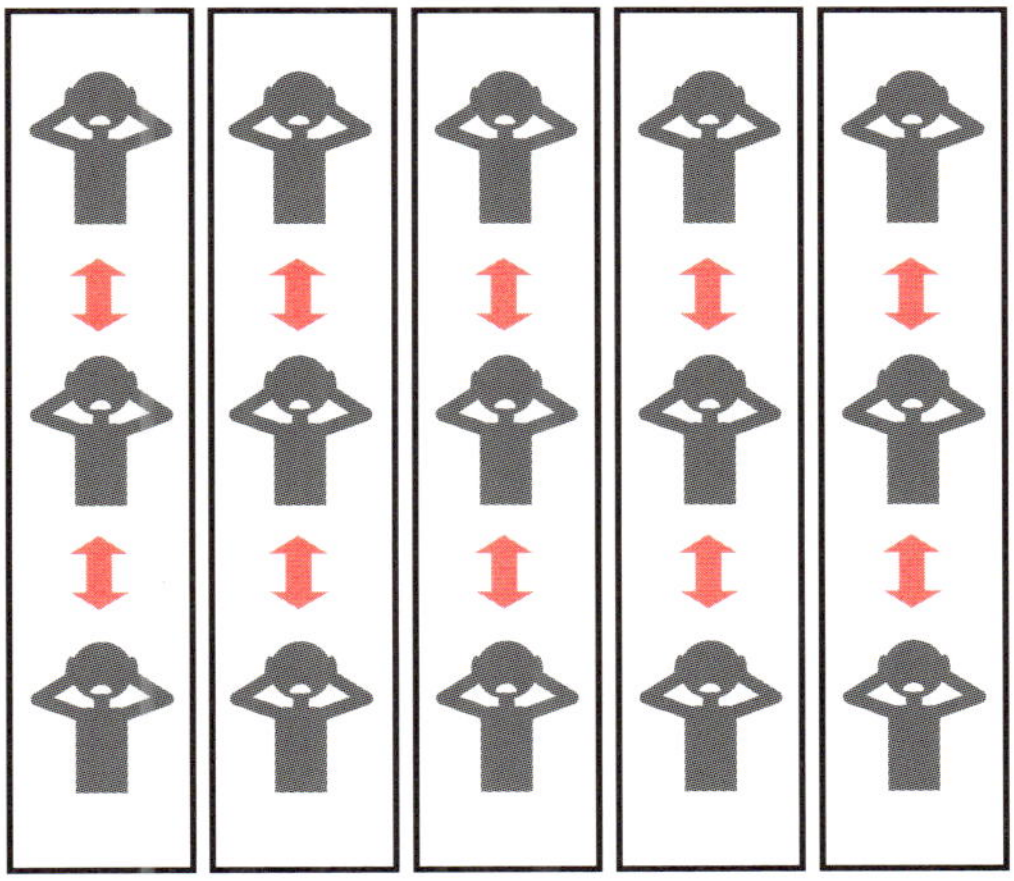

他の部の言うことは聞かず
責任はなすりつけあい!
お客様は度外視の
「組織優先主義」に!!

部や課が横割り構造になっていると……

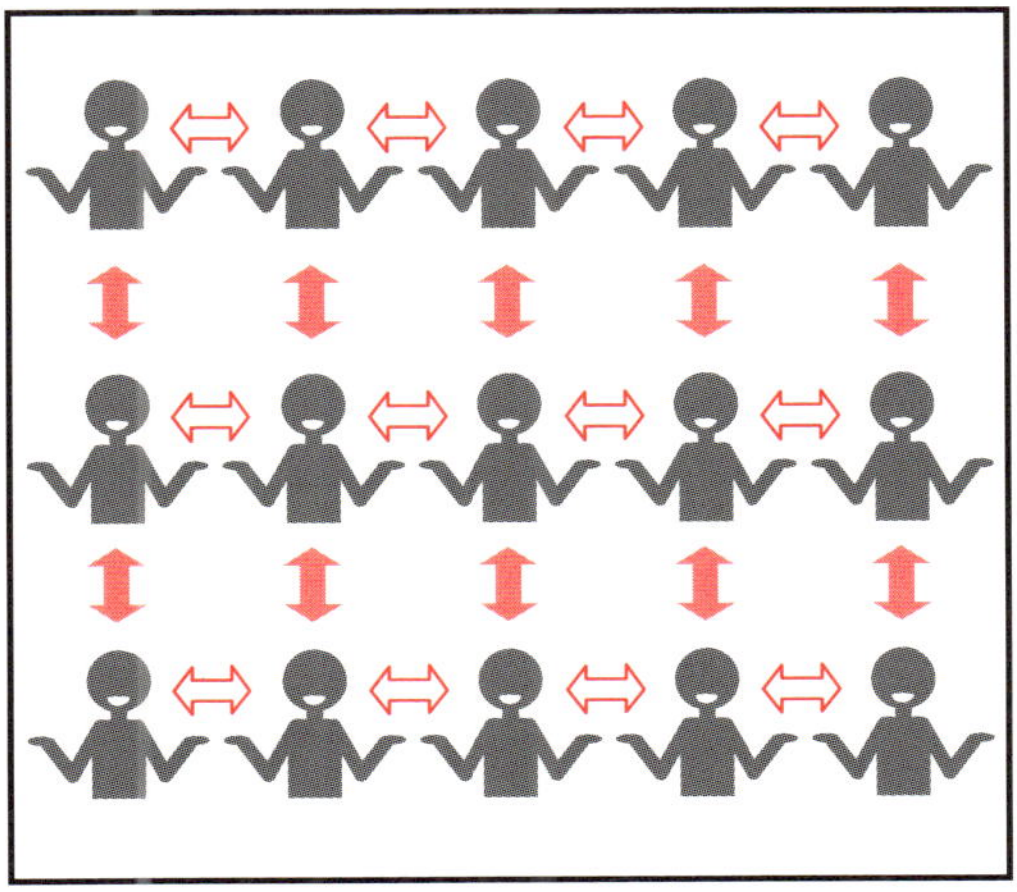

他の部に関してもパラレル
な関係でよく連携!
仕事や問題に向き合う
「お客様優先主義」に!!

34 モチベーションを上げる二つの方法

実行力のあるチームをつくるには、メンバーのモチベーションが高いことは必須条件です。給料を上げることなどでもモチベーションは上げられますが、それだけでは一時的なものになり、持続させるのは難しくなります。

モチベーションを上げる二つのポイントは「やりがいを与えること」と「コミュニケーション」です。

たとえばかつての西友の衣料品は「ダサい」というイメージが世間で定着していて、社員も西友の衣料品を買おうとは思っていませんでした。それでは自分が働いている組織に誇りがもてなくなってしまいます。

無印良品では社員自身も満足できる商品を揃えるように心がけています。自分が欲しいと思う商品であればお客様にも胸を張って勧められるからです。

やりがいとは目に見える数値や金額だけで生まれるものではありません。目に見えない喜びや感動に価値があります。

「社内の情報格差」をなくそう

また、無印良品では部署レベルではなく会社組織でコミュニケーションを徹底しています。朝、パソコンを立ち上げると、その日にやるべき業務や予算目標、伝達事項が自動的に表示される「朝礼システム」を導入したのもその例です。社員同士で〝情報格差〟があるかないかでも、モチベーションは左右されるからです。

モチベーションを上げる方法

選択①　「組織の仕組み」を整える

仕組みを見直すのは大切なこととはいえ、それだけでは“ハードを変えてもソフトはそのままの古いパソコン”と同じで、本質は変わらない

「外枠」の見直し　　効果は「一時的」

選択②　「仕事のやりがい」「コミュニケーション」を見直す

「自分たちが満足できる商品やサービス」を提供しているかを再確認。仕事と組織に誇りが持てるようにすれば、意欲が湧いてくる

「内面」の見直し　　効果は「持続」

無印良品では……

朝礼システム

朝、社員がパソコンを立ち上げると、その日にやるべき業務や予算目標、伝達事項が自動的に表示される仕組み。情報格差をなくすことが目的

WH運動

W=ダブル、H=ハーフで、「生産性を2倍にしてムダを半分にする」運動。成果を出せた部門には「松井賞」「ホームラン賞」などで表彰！“あなたの働きを認めています”というフィードバックもコミュニケーションのひとつになる

35

コンサルタント任せの改革は「×」

経営戦略でも人材育成でも社内やチームでは解決できない問題が出てきた場合、コンサルタントに頼るリーダーも多いのではないかと思います。

新たな気づきや最新の情報を仕入れるためには有用といえますが、仕組みづくりや組織改革の実行に関してはコンサルタント任せにしていてはいけません。

無印良品の業績が悪化した頃、コンサルタントという肩書の付く多くの人が連絡をくれました。仕組みづくりでいくつかの事案をお願いしましたが、目に見える成果が得られたケースはほんの一、二例でした。外から作戦参謀を呼んでも、社内の人間が彼らを使いこなせなければ、結果は出ないのです。

「自力本願」の重要性

コンサルタントのノウハウが、必ずしもその組織やチームに役立つわけではありません。当たり前ですが、コンサルタントは、本人の専門分野や得意分野での問題解決の提案をしてくれます。しかし、それが問題の本質に迫っているとは限らないのです。**たとえコンサルタントに問題点を洗い出してもらったとしても、それを改善するかどうかはリーダーが決めなければなりません。**

組織やチームの改革は、他力本願ではなく、自力本願でいくしかないのだと腹を括るしかないのです。

困難にぶつかったとき、どの道を選ぶか

撤　退への道

Easy

継　続への道

Difficult

×

とりあえず**解決**しても
いずれまた**同じ失敗**

○

困難は続いても
問題の**本質を解決**

椎名武雄《しいなたけお》（元・日本IBM社長）の言葉

未来は予測不能だし、手本もない

ビジネスは日々、決断の繰り返し！
吉と出るか凶と出るかはわからなくても
判断するのは「自分」でしかない

36 意識改革は「行動」を変えれば実現できる

部下の意識改革をしたいとき、抽象的な精神論を押しつける人がいます。しかし、根性論や精神論で人の性格は変わりません。

それよりも、行動を変えることによって人の意識は変わるのではないかと私は考えています。

たとえば無印良品にはブロック店長という、一般的な企業でいえば係長クラスにあたる管理職があります。ブロック店長に就任した当初、必ずしも管理職に向いているとはいえない人もいるのはもちろんですが、そういう人に対して管理職の心得を説いたりはしません。日々の業務の中で自然と管理職にふさわしい行動が取れるようになる仕組みを用意しておきます。ブロック店長としての「業務の標準化」がそうです。それに合わせてブロック店長としての役割を果たすことができるようになっていけば、自然に管理職にふさわしい考え方や意識が身についていきます。

「立場や環境が、人をつくる」とはそういうことです。

「無口な部下」に話させるには

もし無口な部下に積極的にコミュニケーションを取ってもらいたいのなら、人との関わりの重要性を説いたりするよりも、その部下が「毎日周囲に声をかけないと業務が進まないポジション」に置けばいいのです。

意識改革はそうして実現していきます。

MUJI

4章

この仕組みで生産性を三倍にできる

——むくわれない努力をなくそう

MUJI

マニュアルで「仕事の生産性」を上げよう

Before

文書の整理ができない。資料がどこにあるかわからない

「会議」が長い・決まらない・終わらない

どうしても計画通りに業務が進行しない

After

全員で資料を共有化すれば、「無駄な時間」がなくなる！

定時退社を目指して、否応なく効率化を実現！

仕事のデッドラインを見える化すると、仕事が進む！

4章のRECIPE《レシピ》

——ここが「仕組み」のポイント

この章でわかる「大切なこと」は……

1 具体的なマニュアルで
「見える化」を実現しよう

2 具体的なマニュアルで
「共有化」を実現しよう

3 具体的なマニュアルで
「効率化」を実現しよう

「努力」が**「成果」**に
直結するからこそ、仕事が楽しく、
効率的になります

37 努力を成果に「直結」させて生産性を向上させる

仕事とは結果を出してはじめて成り立つものであり、**たとえ頑張っても結果を出せないと、力不足だったたと判断されるだけです。努力の方法、やり方に問題があるとも考えられます。**

2章で紹介した「自動発注システム」の場合にしても似た面があります。このシステムの導入によって、それまで懸命に努力していた発注担当者の仕事が減り、それを落胆している姿も見られました。

しかし、結果的に業務は効率化して生産性は上がり、担当者は別の部分で努力する時間を使えるようになりました。

「汗水」を賞賛しすぎてはいけない

それでは努力を成果に結びつける仕組みをいかにつくって運用すればいいのか。

正直にいうと、なかなか難しいことです。

自動発注システムを導入したときも「人が努力して築き上げたスキルを、機械が代わりにできるわけがない」などといった不満が現場でくすぶっていました。私はもともと批判にひるむような性格ではないので、システムの改善を命じることはあっても、元のやり方に戻そうかと心が揺れることはありませんでした。ただ、そうはいっても新たな仕組みを浸透させるまでには我慢も必要だったのです。

部下たちが汗水たらして努力している姿をよろこぶのは簡単ですが、それだけでは努力はむくわれず生産性は上がりません。

MUJI

「結果につながらない努力」と「結果を出す努力」

努力が結果に
つながらない……
僕、頑張ります！
偉い！とにかく
頑張れ！！
どのポイントをどんな
ステップで努力すれば
結果を出せるか……
彼の努力を結果に
つなげるための
仕組みは……？

NG！

方法が間違っているのなら、
努力の意味がなくなる

……結果につながらない

TRY！

結果が出ないときには「努力の方法」の見直しをすべき！

……努力が結果につながる

無印良品では……

店舗のスタッフでも、アルバイトから正社員へとステップアップできる制度があります。なかには18歳でアルバイトを始めて22歳で正社員となり、23歳で店長を務め、25歳でMD（マーチャンダイザー）となったケースもあります。努力をして実力が認められた場合にはチャンスが広がるような仕組みを整えておくことも組織にとっては重要です。

38

原因が見えれば問題の八割は解決する

営業成績が低迷しているようなときにはいろいろ原因が探られるはずですが、その際にはまず「問題の見える化」が必要です。

私が良品計画の社長に就任した当初、衣服雑貨部門の売上げが低迷していました。

その際にも売上データを見える化しました。それ以前は、衣服雑貨の全部門のデータを一括で見る仕組みがなかったのです。紳士服なら紳士服の担当者というように、それぞれが独自にエクセルシートをつくって管理していただけでした。そのため、どの商品をどこの工場にどのくらい発注し、仕掛り品（製造途中の商品）はどの程度あり、完成品はいつ入荷するのか、処分はいつからどれくらいの割引率で行うか……といった情報が担当者にしかわからない状態になっていました。

これでは、会社全体として効果的な対策を打てません。

在庫も約三分の一に

新しいシステムでは単品ごとの売上動向は三週間目に判断できるようにフラグを立て、すべての人が見られる状態にしました。それによって増産や生産停止、在庫品の移し替えを即座にできるようになったのです。この三年後には在庫を約三分の一に減らせています。

根本的な原因が見えれば、ピンポイントで手を打てます。原因がわかった時点で問題の八割は解決するものなのです。

営業成績の低迷など、問題の原因を探りたいときには?

まず「見える化」する → 「見える化」ができない時

＝

個人の問題ではなく、組織の風土や仕組みに原因

面倒にはかかわりたくない

与えられた仕事をやっていればいいだろう

一人ひとりが“他人事のような感覚”でいるのが問題!

「見える化」によって
根本的な問題点を「共有」

原因が見えた
時点で
8割は解決!

→ 分析して対策を練る
→ 本質的な解決策により
営業成績が好転!

見える化ができないまま
場当たり的な対応をしていれば…
＝
個人の能力レベルが
会社のレベルとなり
本質的な改善はできない

39

「机の整理」と「共有文書」で効率が激変

どこのオフィスにも書類やファイルが積み上げられて雪崩《なだれ》を起こしそうなデスクや、席の周りに段ボール箱を積み上げて砦のようになったデスクがあるのではないでしょうか。

無印良品の本部にも、かつてはそのようなデスクが多数ありました。しかし今は〝クリアデスクルール〟を実施していて、すべてのデスクが整理整頓されています。

退社時には私物も書類も残してはいけないことになっており、机の上に載っているのはパソコンと電話ぐらいです。

ただし、机の上のものを引き出しに詰め込むだけでは、問題の解決にはなりません。

ハサミやホチキス、のりなどの文房具は、部門ごとで共有するようにしています。さらに、共有文書で仕事をするように徹底しました。

これには「紙の資料を減らす」以上の狙いがあります。

昔の無印良品は個人で情報を抱えてしまう傾向がありました。そこで、**仕事を「個人」に紐づけるのではなく、「組織」に紐づけるようにするため、共有文書でやり取りすることを習慣化した**のです。

作成した文書は自分で保管せず、誰もがわかるようなファイルにまとめて、部署ごとにキャビネットに入れます。

さらに、キャビネットの扉も取り払い、見える化を進めました。

ここまで行うと、「三カ月前に会議でもらった資料はどこにいった」という話になっても、パッと探し出せるようになります。

「スムーズな引き継ぎ」が可能

共有文書にすれば社員同士のコミュニケーションもとりやすくなり、情報の伝達力が上がるというメリットもあります。

担当者が長期休暇をとっている最中や出張で不在のとき、取引先から問い合わせがあり、慌てて担当者に連絡をするというのはよくある話です。しかし、共有文書を一括で管理しておけば、他の社員が代わりに対応できるようになります。

もちろん、担当者が異動になったときもスムーズに引き継ぎができます。

店舗でも見える化を進め、倉庫の在庫商品は誰でも見つけられるようにしました。

POINT！

「見える化」を行う際は徹底的に！

①無印良品では、「クリアデスク」を推進するチームをつくって徹底！

↓

②デスクだけでなく倉庫の管理も徹底

↓

③整理整頓だけが目的ではなく、それによって情報発信力の高い企業に変質できる

40 「仕事の締切」＝デッドラインを見える化する方法

「締切を設定していない作業」は、仕事とはいえません。デッドラインを設定しているだけで守れない場合もあるのでしょうが、それも仕組みで解決できます。

デッドラインを見える化するのです。無印良品では、二つの仕組みによって、すべての業務のデッドラインを見える化しています。

一つ目の仕組みは「デッドラインボード」です。これは部門単位で管理され、部門長のデスクの近くに置かれています。

二つ目の仕組みは社内ネットワーク上にあるDINA《ダイナ》というシステムです。DINAとは、「Dead Line」（締切）「Instruction」（指示）「Notice」（連絡）「Agenda」（議事録）の頭文字を取ったもので、パソコン上で全部門の業務の指示や連絡事項などが共有できるようにしているのです。

業務の進捗を部署全体で共有

部署内で済むような小さな仕事はここには投稿しませんが、出店計画のように他の部署も関係するような案件については必ずアップします。ある業務の改善が会議で決まったとすれば、その指示の具体的な内容といつまでに実施するかのデッドラインも入力します。

投稿内容を部署全体で把握できているかのチェックも重要です。そのようにして、業務の進捗がすべて見える化できたのです。

「デッドライン」を管理する仕組み——DINA《ダイナ》

デッドラインを一覧で確認できる

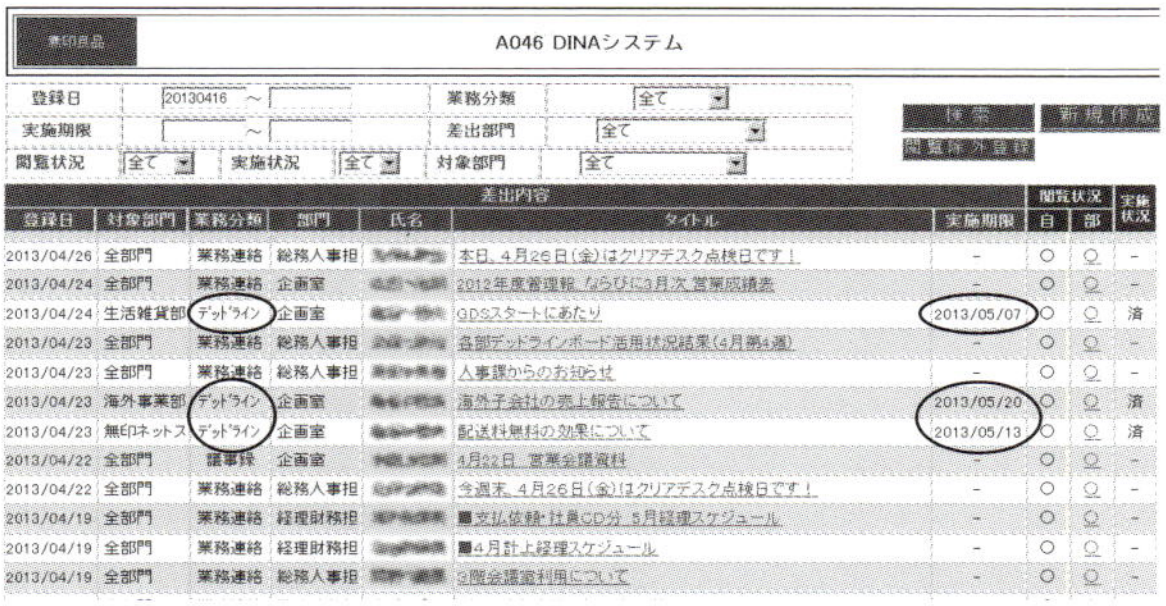
無印良品　A046 DINAシステム

登録日 20130416 ～　業務分類 全て
実施期限 ～　差出部門 全て
閲覧状況 全て　実施状況 全て　対象部門 全て
検索　新規作成　閲覧除外登録

登録日	対象部門	業務分類	部門	氏名	タイトル	実施期限	閲覧状況 自	閲覧状況 部	実施状況
2013/04/26	全部門	業務連絡	総務人事担	[illegible]	本日、4月26日(金)はクリアデスク点検日です！	-	○	○	-
2013/04/24	全部門	業務連絡	企画室	[illegible]	2012年度管理報 ならびに3月次 営業成績表	-	○	○	-
2013/04/24	生活雑貨部	デッドライン	企画室	[illegible]	GDSスタートにあたり	2013/05/07	○	○	済
2013/04/23	全部門	業務連絡	総務人事担	[illegible]	各部デッドラインボード活用状況結果(4月第4週)	-	○	○	-
2013/04/23	全部門	業務連絡	総務人事担	[illegible]	人事課からのお知らせ	-	○	○	-
2013/04/23	海外事業部	デッドライン	企画室	[illegible]	海外子会社の売上報告について	2013/05/20	○	○	済
2013/04/23	無印ネットス	デッドライン	企画室	[illegible]	配送料無料の効果について	2013/05/13	○	○	済
2013/04/22	全部門	議事録	企画室	[illegible]	4月22日 営業会議資料	-	○	○	-
2013/04/22	全部門	業務連絡	総務人事担	[illegible]	今週末、4月26日(金)はクリアデスク点検日です！	-	○	○	-
2013/04/19	全部門	業務連絡	経理財務担	[illegible]	■支払依頼・社員CD分 5月経理スケジュール	-	○	○	-
2013/04/19	全部門	業務連絡	経理財務担	[illegible]	■4月計上経理スケジュール	-	○	○	-
2013/04/19	全部門	業務連絡	総務人事担	[illegible]	3階会議室利用について	-	○	○	-

この画面で「締切」「指示」「連絡」「議事録」を一元化する

締切を守るかどうかは「仕組み」次第！

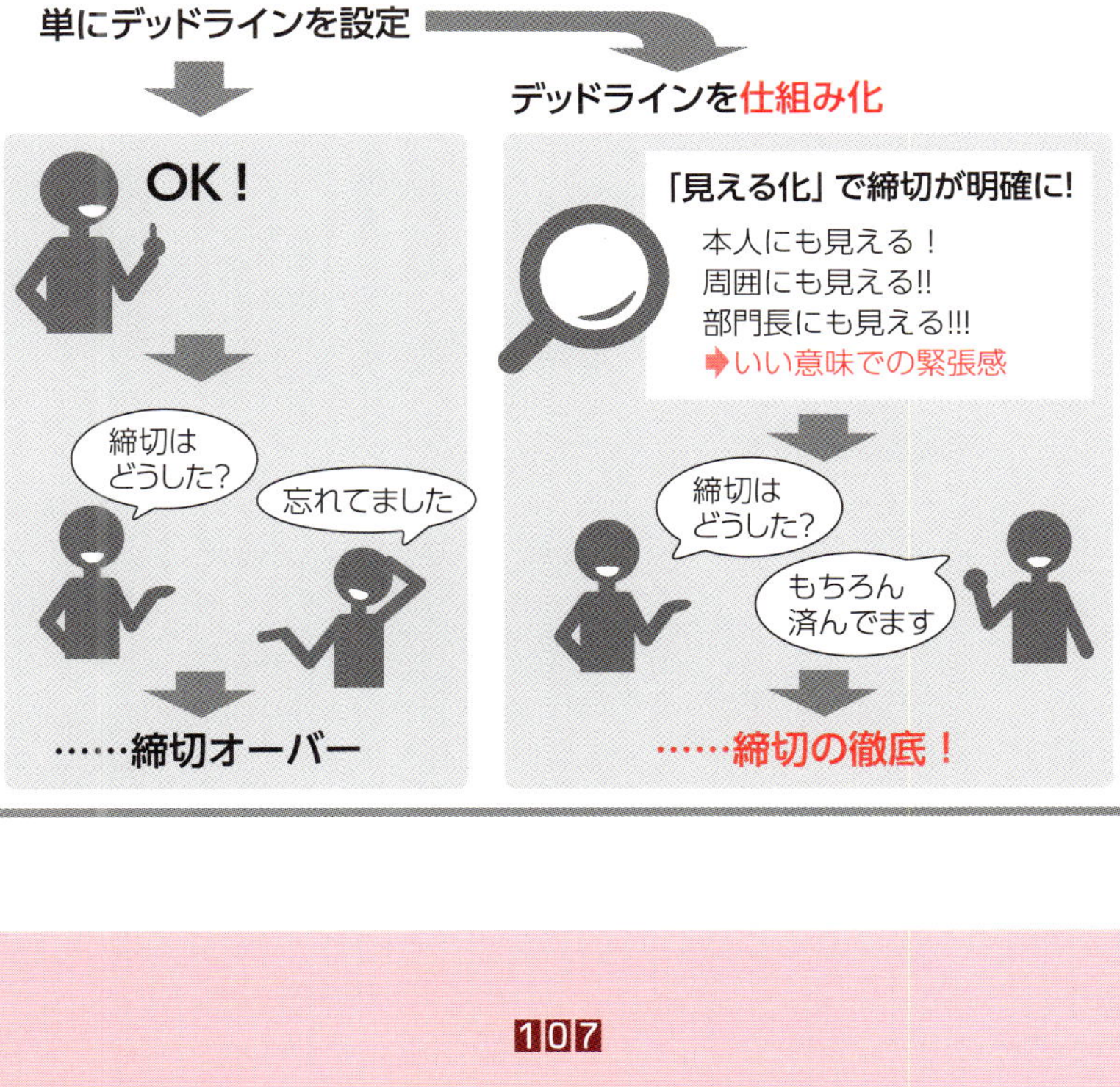
単にデッドラインを設定
デッドラインを仕組み化
OK！
締切はどうした？
忘れてました
……締切オーバー
「見える化」で締切が明確に！
本人にも見える！
周囲にも見える!!
部門長にも見える!!!
いい意味での緊張感
締切はどうした？
もちろん済んでます
……締切の徹底！

41

「PDCAサイクル」も仕組み次第

デッドラインを見える化する仕組みには、二つの効果があります。

一つ目は、あらゆる仕事が実行に結びつき、**「PDCAサイクル」がうまく回るようになる**ことです。

二つ目は、上司が指示の内容を忘れなくなることです。

上司が多忙な場合、指示のすべてを把握できなくなる場合がありますが、情報の共有でそれを防げます。

無印良品では、デッドラインを見える化した結果、生産性が格段に向上しました。

「報告・連絡・相談」が成長の芽を摘む

新社会人は報告・連絡・相談の〝ホウ・レン・ソウ〟が仕事の基本であると教わることが多いものです。確かにホウ・レン・ソウは大切ですが、多忙なリーダーはすべての報告には対応しきれません。しかし、DINAのようなシステムがあれば、ホウ・レン・ソウは要所要所で行うだけでよくなり、仕事のスピードを緩めずに済みます。

行き過ぎたホウ・レン・ソウは人の成長の芽を摘んでしまう行為だと私は考えています。常に上司が仕事に絡むので、部下の自主性や自分自身で創意工夫しようとする意識が育たなくなるからです。ホウ・レン・ソウは「縦のつながり」を強めて「部分最適」の温床になることもあるので、バランスが重要です。

Keyword①
PDCAサイクル

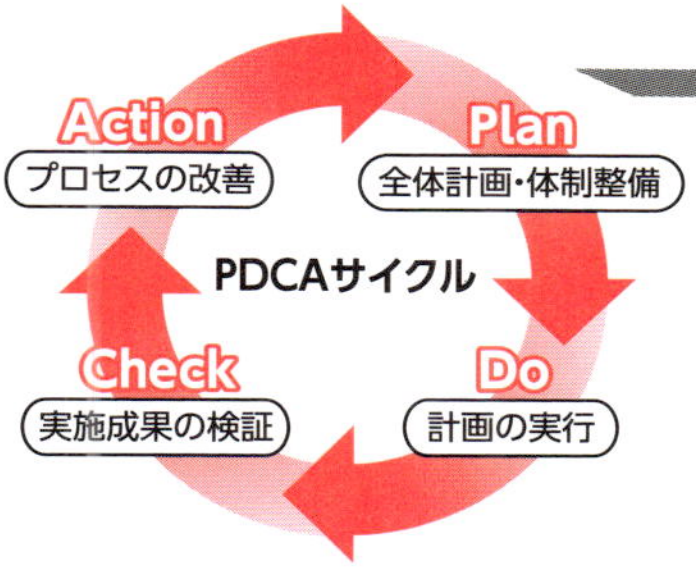

管理業務を円滑に進める手法のひとつ。

計画（plan）→実行（do）→検証（check）→改善（action）という4段階の活動を繰り返し行うことで業務を継続的に改善。

ただし、上司が指示を出す際にデッドラインがないと、計画の進行状況がわからない

Keyword②
ホウ・レン・ソウ

「報告」「連絡」「相談」をホウ・レン・ソウと略し、“ビジネスの基本”とされる。部下が上司に逐一報告していれば、コミュニケーションを取れるのと同時にトラブルやミスを小さいうちに発見して、大事になる前に解決できるというのが一般論。ただし……。

そればかりでは……

42

残業をなくして定時退社を徹底するには

以前の無印良品には残業するのは当たり前という風潮がありました。みんなが仕事に熱心なのはいいことですが、早朝から夜遅くまで働きづめで、その皺寄せのため休日も楽しめないようであれば、逆に生産性は上がりません。

そこで私は社員の残業をなくそうと決意しました。

しかし、いきなり残業をゼロにすると掲げても達成できるものではないので、週に一日、「ノー残業デー」をつくることから始めました。これは意外とすんなり達成されたので、半年後からはノー残業デーを週二日に増やしました。はじめは混乱もありましたが、こちらもそこそこ達成されました。

仕事の「枝葉」と「幹」を切り分ける

そしていよいよ完全に残業をなくす取り組みを始めると、そこからが大変でした。定時にいったん帰っても、その後、会社に戻って仕事をしたり、家に仕事を持ち帰る社員も現れたのです。そういう人に共通しているのは非常にまじめだという点ですが、残業して時間をかければいいものではありません。

仕事には太い幹もあれば、些末《さまつ》な枝や葉のような部分もあります。**枝葉の部分を見直せば、仕事の質を落とさず、かける時間を短縮して生産性を上げられます。**やり方次第では残業をやめても、残業をしていたとき以上に仕事量を増やせるようになるものです。

MUJI

「残業をなくす方法」も仕組み次第

第１段階

「ノー残業デー」の設定

週1日の残業禁止
↓
週2日の残業禁止
↓
効果はアリ

↓

第２段階

「18時30分退社」の徹底

退社したフリしてから会社に戻ったり、家に仕事を持ち帰ったり……。「仕事量」を減らさず「時間」だけ減らすのでは根本的な解決にはならず

↓

第３段階

「仕事のやり方」の見直し

やはり……「仕事量」を減らすのが本質

仕事の「幹」⇒ そのまま
仕事の「枝葉」⇒ 減らす
➡113ページの図へ

43

会議で時間を浪費しないため提案書は「Ａ４一枚」に

無印良品ではかつて「実行九五パーセント、計画五パーセント」というスローガンを掲げていたわけですが、その実現のためには会議の準備にかける時間などを最小限にとどめなければなりません。

そのために会議で使う提案書はＡ４一枚（両面）と決めています。

提案書のフォーマットはとくに決まっていませんが、必要な数値や重要な情報が入れてあるかどうかがカギになります。

そのための指標となるのが、業務基準書です。たとえば新規出店の提案をする場合であれば、「周辺情報として何が必要か」など、調べるポイントはすべて決めてあります。その調査自体は時間をかけてやらなければなりませんが、**提案書の作成に時間をかけるのは仕事の本質から外れています。**

パワーポイントを駆使した凝った企画書をつくる人もいますが、それはやはり枝葉の部分です。

その「大量の書類」に意味はあるか

私自身、以前は数十ページに及ぶ提案書を何日もかけて作成していましたが、そのために時間がかかるうえ、会議では一時間以上かけてプレゼンしなければならなくなります。話す側も聞いている側も労力を使います。

そもそも数十枚の提案書でも重要なポイントはＡ４一枚でおさまるほどしかないことがほとんどのはずです。

「会議」と「提案書」はどうあるべきか？

鉄則 1

実行95%、計画5% を思い出す

たとえば会議なら……

「決めて、実行する」のが目的！
つまり……
決定までは**「準備段階」**で、
会議後が**「本番」**
だからこそ
準備段階に時間をかけずに
本番で「全力投球」するのが当然！

鉄則 2

人《にん》時《じ》（作業量）を減らす ことを考える

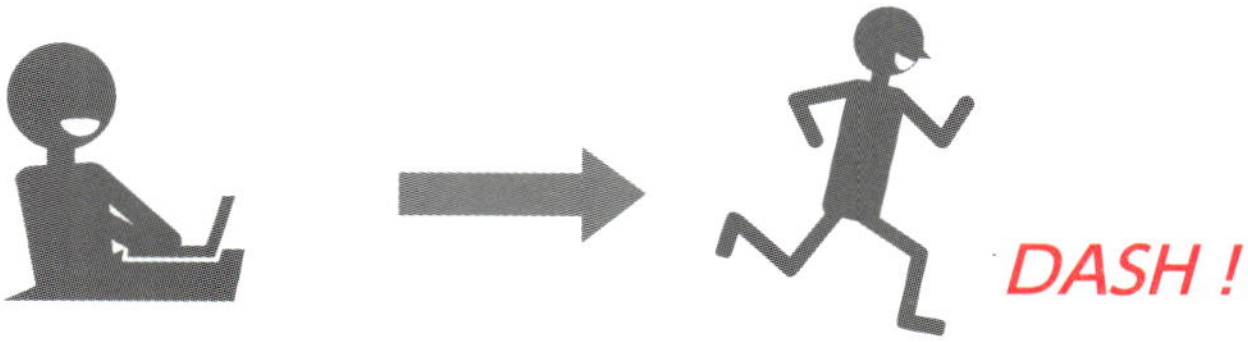

企画を通すのは大切だけど、
パワーポイントを使って凝った
企画書をつくるようなことは
「枝」の部分

➡ **時間短縮**

どの段階に時間をかけるのが大切
なのかを考えれば、当然、実行の
段階。
いかに企画を実現させるかが
「幹」の部分

➡ **全力投球**

44

「根回し」を禁じて会議を〝組織の成長エンジン〟に

企業の〝実行力〟は会議を見ればわかります。

以前は無印良品の会議も形骸化していて、自分が提出する案件に対して事前に役員の内諾をもらうような根回しがまかり通っていました。

そのように会議が儀式化してしまい、実行よりも手続きが大事になっていれば、その会社は衰退していくばかりです。

そこで私は根回しを禁止しました。

根回しには、自分一人が責任を負うのを避けて共同責任の人を増やそうとする心理も働きがちなので、担当者が自分の責任で実行しなければならない仕組みに変えました。

ただし、提案書は役員か部長から出させることにしています。その部門の責任者がすべてを把握したうえ、リスクを負って実行することを義務づけたかったからです。

「当事者意識」は実行力に大きな影響力を持ちます。

会議に「緊張感」を

また、会議では発言者が二、三人に絞られがちですが、私が議長を務める会議ではできるだけあちこちに話を振るようにしています。すべてのデータが頭に入っていないとパッと答えられないので、出席者は緊張感をもって会議に臨むようになります。

会議が形骸化するかどうかは、仕組み次第です。

そして、**仕組みを変えれば、会議は組織の成長エンジンとして機能します。**

5章

自分の仕事を「仕組み化」する力をつけよう

——基本があれば応用できる

MUJI

マニュアルを「実際に活かして」みよう

Before

会社で「マニュアル」をつくれるような立場にいない

マニュアルをつくっても、すぐにマンネリに陥る

うまくいかないことが起こると、すぐに折れてしまう

After

まず、「自分のマニュアル」をつくってみよう

「すぐ元に戻る」のは当たり前——と思いながらも改善し続ける

「逆境に置かれるほうが、成長できる」と意識を変えられる！

5章のRECIPE《レシピ》

——ここが「仕組み」のポイント

この章でわかる「大切なこと」は……

1 「自分」も「仕事」も常に
「アップデートする」ように意識

2 あせらず、くさらず、おごらず、
「改革を続ける」ことが大切

3 仕組みがあると、
「走り続ける」原動力になる

リーダーとして、初心を忘れず、
地道に改革を続けることは、
とても難しいこと。でも……

45 自分を常に「アップデートする」方法

仕事とは何か？

この本質的な問いにひと言で答えることは難しいのですが、私にとっては〝生きる価値そのもの〟です。

人は一日二四時間のうち、仕事に最も多く時間を費やします。八時間労働なら一日の三分の一、つまり人生の三分の一は仕事に費やす計算です。

プライベートも仕事と同じぐらい大事ですが、仕事を充実させるのは人生の大命題です。

仕事を充実させるためにはモチベーションの維持の仕方を考えなければなりません。同じ仕事を続けていると、どうしても飽きてきて、中だるみという壁にぶつかります。

中だるみを避け、モチベーションを維持するために役立つのがマニュアルです。

自分のPDCAを回す

マニュアルは組織だけでなく、個人にも必要だといえます。

マニュアルに沿った仕事をすると受け身になるといわれますが、それは他人がつくったマニュアルをそのままなぞっているからです。

自分のマニュアルをつくれば、自分の仕事を俯瞰できるので、問題点や課題を見つけられます。

自分で問題点を発見し、それを改善し、実行する。自分のＰＤＣＡサイクルが回るようになれば、確実に生産性は向上するのではないでしょうか。

多くの人は自分なりの仕事のやり方を築いているはずです。部課長レベルになると、ベテランなりの経験知が蓄積されていることでしょう。しかし、ベテランだからこそ仕事を流れ作業のようにこなしてしまい、成長が止まってしまうリスクがあります。

ルーティンワークはどのような仕事にもつきものですが、漫然とこなしていると気がゆるんでしまい、大きなトラブルを招きます。

マニュアルをつくることで常に精度の高い仕事を実現し、モチベーションを維持できます。

ルーティンワークではなおさら大きな効果が期待できます。

皆さんもぜひ、自分のマニュアルをつくり、常に最新版にアップデートしていくようにしてみてください。

POINT！

「自分マニュアル」作成のススメ

①「マニュアルは人を受け身にする」という固定観念はまず捨てる

↓

②他人がつくったマニュアルに従うのではなく、自分独自のマニュアルを常にアップデートしていく

↓

③それによってルーティンワークにも緊張感が生まれる！

46 〝自分流のMUJIGRAM〟をつくれば、毎日が変わる

個人のものでも組織のものでも自分流のマニュアルはどのようにつくればいいのでしょうか。たとえば毎朝行っている朝礼を見直したいのなら、その内容を書き出してみます。

①全員で挨拶する
②連絡事項を伝える
③当番の社員が一分間スピーチをする
④企業の理念を唱和する

朝礼は毎日やっているとどうしてもマンネリになってしまい、あくび交じりにダラダラと出席している人もいるはずです。そんな朝礼を続けていると、「連絡事項はメーリングリストで送信したほうが、効率的ではないですか?」といった疑問も生まれてきます。それに対して「なぜ朝礼をしなければいけないのか?」という答えが出せないのであれば、惰性でやっている証拠です。そうした状況を改め、何のためにやっているのかを確認するためにもマニュアルづくりは有効です。

自分の仕事の再確認

習慣化している業務ほど、マニュアルをつくると問題点や改善点が見えやすいといえます。ただ何となくやっている日常の業務の目的を再確認できたなら、自分が取るべき行動は変わってくるはずです。

朝礼に限らず、そんな発見と改善の繰り返しで仕事は常にアップデートできるのです。

「自分流　MUJIGRAM」のつくり方

■手順1

マニュアル化したい作業（行事など）の性質＝**「何」「なぜ」「いつ」「誰が」**を書き出す
とくに「なぜ」は、**作業や行事の「目的」**であるため、しっかりと確認する

■手順2

その行為（行事など）が現在、どのように行われているか、**「現在のメニュー」を見直す**
そのメニューによって、手順１で考えた**「目的」が実現できているか、**を考える

■手順3

目的が実現できていないなら、目的を実現するためにはどうすればいいかを考え、より効果をあげられるようになる**新しいメニュー**に変える

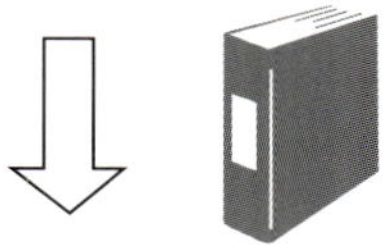

新たなメニューをマニュアルのスタート地点として、**運用➡改善**を繰り返す

「マニュアル」は**なんでも**つくれる

マニュアルをつくれば問題点や改善点が見えてきて
誰でも「ベストなやり方」ができるようになる！

47 「進化」の原動力となり、結果を出し続けるマニュアルとは

本書では無印良品で取り組んできた、さまざまな仕組みづくりについて紹介してきました。しかし、仕組みというものは大抵、一〇年はもたないものです。

企業にとっていいサイクルを生み出す仕組みにしても、時代の変化とともに劣化していきます。だからMUJIGRAMも常に更新を続けていかないと、いつか血の通わないマニュアルになってしまい、棚の隅で埃をかぶって放置される状態になるわけです。

私は無印良品の集会などで、この本に書かれているような話を社員に向けて、繰り返し伝えています。それでも、一カ月ぐらいしてから尋ねてみると、九八％くらいの人たちは内容をしっかりとは覚えていません。それは社員のやる気がないからではなく、人間とはそもそもそういうものだからです。

人はすぐに忘れるものであり、改善してもまた元に戻ってしまうのです。

しつこく、しつこくやる

放漫経営で会社が傾きかけ、プロの事業再生屋の力も借りて必死で会社を立て直しておきながら、経営が安定してくるとまた余計なことに手を出すような経営者は大勢います。

「喉元すぎれば熱さを忘れる」ということわざもあるように、人はつらい体験や苦しい記憶には背を向けたくなるものなのです。

だから私は、しつこいくらいに仕組みをつくってきたのであり、これからもつくっていきま

MUJI

す。

自分のマニュアルをつくったり、部署内の仕組みをつくったりした場合、それが終わりではなく、そこからがスタートです。

常に問題の芽を摘みつつ実践を積み重ねていると、仕事のやり方も洗練されていくはずです。

「走り続ける」ために

うまくいかないことがあるのは当たり前です。なかなか結果に結びつかないこともあります。それでも問題から目を逸らさずに考え続け、行動している限り、必ず、自分も進化していきます。

いいマニュアルは、そうやって「走り続ける」ための原動力となるのです。

POINT！

「初心忘れるべからず」の心得

①改善できたとしても、そこがゴールだとは思わないこと

②いったんは改善できても、また元に戻ってしまうことが多いのはダイエットと同じ（著者自身、何度も経験！）

③常に問題から目を逸らさず
さらなる改善点がないかを
考えながら前進を続けるべき

48

あせらず、くさらず、おごらず改革をやり抜くということ

リーダーに限らず、さまざまな立場にある人たちがこの本を手に取っていただいたのだと思いますが、改革を実行するときには、必ず障害が立ちふさがります。

リーダーであればその壁を乗り越えることが責務になります。

壁の種類もいろいろです。部下からの抵抗であったり、コスト的な問題であったり、株主からの反対だったり……。そこで後退はしないで、自分の考えた戦略を信じて、やり抜くしかないのです。

「部下をうまく指導できない」

「自分の抱えるチームでなかなか結果を出せない」

そんな苦境に陥っている人も少なくないはずですが、逆境こそ宝物だと考えられます。

私自身、順調に物事が進んでいるときより、逆境におかれたときに自分は成長できてきたと感じています。

私が新入社員に話すこと

もともと私が西友から無印良品に出向となったのは左遷でした。

西友にいたとき、私は上司の顔色を窺いながら仕事を進めるタイプではありませんでした。いつも主流派にはいなくて、集団の端っこで自分のペースで仕事をしていたので、上司たちからは煙たがられていました。それが左遷の原因ではないかと思います。

当時、無印良品は西友が母体であり、その中

MUJI

で展開するショップという位置づけでした。無印良品に移ることが決まったときは、正直ショックでしたが、与えられた場で全力を尽くさないことはできない性格でした。

無印良品に出向してからは総務人事部の課長になっています。

山積みだった課題に取り組み、結果を残そうとしてきました。そうこうしているうちに評価されるようになり、ステップアップしていったのです。

私が新入社員の入社式などでよく話すのは、

「あせらず、くさらず、おごらず」

という三つの心構えが重要だということです。これは新入社員に限らず、誰にとっても大事な心構えといえます。

莫《まく》煩《ぼん》悩《のう》

鎌倉時代の幕府の執権・北条時宗《ほうじょうときむね》が元寇に悩まされていたとき、無学祖元《むがくそげん》が伝えたといわれるのが、この言葉。

煩悩するなかれ。迷わず悩まず、ただ一心に目の前のことに取り組むべし。

あせらず、くさらず、おごらず

新入社員にも話して聞かせる言葉です。

調子が良いときも悪いときも、くさらずに目の前のやるべきことをコツコツと実行。

それが自分の信じる道につながるはずです！

この三つの心構えがあればチャンスは残りますが、なければチャンスを失います。

人間万事塞翁《さいおう》が馬ということわざもあるように、どのように環境が変わっていくのかはわからないものです。今は人生のどん底にいるような気がしても、いつかは好転するはずです。

調子が良いときも悪いときも、自分を磨くチャンスだと考え、くさらずに目の前のやるべきことをコツコツと実行していくしかないのです。

今「逆境にいる人」へ

管理職に就くと、途端におごりたかぶり、部下を自分の手先のように使う人は大勢います。部下の功績を自分の手柄のようにアピールする管理職もいますが、そういう人に部下はついていきません。結果的には、部下の管理ができないとみなされ、降格となってしまうのもよくある話です。

リーダーは自分が率先して、頑張って目標を達成するのがすべてではないはずです。

部下が率先して行動するような仕組みをつくり、部下の意識を変えていくのが、リーダーに課せられた使命です。

組織にとっても「あせらず、くさらず、おごらず」という理念は大切です。

だからこそマニュアルをつくり、絶望やおごりを回避するのです。

逆境はやがて道を拓《ひら》きます。

改革は一朝一夕ではできませんが、あせらず、くさらず、おごらずにいれば、いつか自分の信じる道へとつながっていくのです。

最後に……

ここまで無印良品流のマニュアルのつくり方、そして効果について、エッセンスを紹介しました。どうでしょうか。仕事に活かせそうでしょうか。

「やはり、自分が関わっている仕事にはちょっと応用が難しいな」と思われた方もいるかもしれません。しかし、マニュアルは「作業」ごとにつくる方法もあれば、「目的別」につくる方法もあります。部下を上手に指導したい、取引先と円滑に交渉したいといった目的のためにマニュアルをつくることもできます。

たとえば、「部下に注意をする」マニュアルをつくってみましょう。本文でも紹介しましたが、まずはマニュアルの４点セットを考えてみます。

何：部下のミスやトラブルを是正する行為
なぜ：部下にミスやトラブルの原因を認識させ、
反省してもらうことで成長を促す
いつ：部下がミスやトラブルを起こした時
誰が：自分

どうですか、これくらいのマニュアルから始めてみれば、自分に活かせそうではありませんか？

無印良品の仕組みについて、よりくわしく知りたい方は、**『無印良品は、仕組みが９割』**を、部下の育て方、チーム力の強化については、**『無印良品の、人の育て方』**の２冊も参考にしてみてください。

松井忠三（まつい　ただみつ）
1949年、静岡県生まれ。株式会社良品計画会長。
73年、東京教育大学（現・筑波大学）体育学部卒業後、西友ストアー（現・西友）入社。92年良品計画へ。総務人事部長、無印良品事業部長を経て、2001年社長に就任。赤字状態の組織を“風土”から改革し、業績のV字回復・右肩上がりの成長に向け尽力。07年には過去最高売上高（当時）となる1620億円を達成した。08年より現職に就き、組織の「仕組みづくり」を継続している。著書に、ベストセラーとなった『無印良品は、仕組みが９割』『無印良品の、人の育て方』（共に角川書店）がある。

図解《ずかい》　無印良品《むじるしりようひん》は、仕組《しく》みが９割《わり》
仕事《しごと》はシンプルにやりなさい

2015年２月27日　初版発行
2024年11月25日　６版発行

著者／松井忠三《まついただみつ》

発行者／山下直久

発行／株式会社KADOKAWA
〒102-8177　東京都千代田区富士見2-13-3
電話　0570-002-301（ナビダイヤル）

印刷所／大日本印刷株式会社

製本所／大日本印刷株式会社

●お問い合わせ
https://www.kadokawa.co.jp/（「お問い合わせ」へお進みください）
※内容によっては、お答えできない場合があります。
※サポートは日本国内のみとさせていただきます。
※Japanese text only

定価はカバーに表示してあります。

ISBN 978-4-04-102537-6　C0030